當忍經成為必修課

修養學分加好加滿！

百忍之道 **忍者無敵** 的一百則箴言

歐陽翰 著

崧燁文化

目錄

CONTENTS

CONTENTS

前言

言語需要忍：一言既出，駟馬難追！

脾氣需要忍：養之則成君子，暴之則成匹夫！

色慾需要忍：敗國忘家，女色相隨！

酒癮需要忍：酒多亂性，言多必失！

取樂需要忍：物極必反，樂極悲來！

權力需要忍：避權保身，弄權招禍！

貧窮需要忍：貧而能安，忍賤而圖未來通達！

屈辱需要忍：能忍辱者，能立天下！

危境需要忍：臨危不亂，宰相雅量！

憤怒需要忍：逆來順受，天下無怨！

……

《忍經》是中國最系統的忍學教科書，也名《勸忍百箴》，是一部寓意深刻、濟世勸好、和睦相處、得頤天年的勸世書。忍是大智大勇大福，忍是修身、立命、成事、生財的良方！元代著名學者許名奎，集畢生之精力，得出《勸忍百箴》一百條精華。他將人一生的所為，以一個「忍」字概之。「忍」絕不是「忍聲吞氣」，不是懦弱、膽怯，「忍」是大智大勇者的無敵心法！

古人云：「忍過事堪喜，必有忍其乃有濟，有容德乃大，忍辱負重，故天將降大任於斯人也，必先苦其心志，勞其筋骨，餓其體膚……」

佛說：「六度可行，忍為第一，能忍是福，忍無可忍還得忍，一忍萬事成……」能忍恥者安，能忍辱者存，與其說勝利者是戰而勝的，不如說勝利者忍到了最後。小不忍則亂大謀，不要因一時的成功沾沾自喜，也不要為暫時的挫折垂頭喪氣，記住：「忍者必勝」！本書向你全方位展示、奉獻！為你打造——百忍之道：

1. 言 2. 氣 3. 色 4 酒 5. 聲 6. 食 7. 樂 8. 權 9. 勢 10. 貧 11. 富 12. 賤 13. 貴 14. 寵 15. 辱 16. 安 17. 危 18. 忠 19. 孝 20. 仁 21. 義 22. 禮 23. 智 24. 信 25. 喜 26. 怒 27. 疾 28. 變 29. 誨 30 謗 31. 辱 32. 陷 33. 笑 34. 妒 35. 忽 36. 忤 37. 仇 38. 爭 39. 欺 40. 淫 41. 懼 42. 好 43. 惡 44. 勞 45. 苦 46. 儉 47. 貪 48. 躁 49. 虐 50. 驕 51. 矜 52. 侈 53. 勇 54. 直 55. 急 56. 死 57. 生 58. 滿 59. 快 60. 取 61. 與 62. 乞 63. 求 64. 失 65.. 頑 嚚 67. 不平 68. 不滿 69. 聽 讒 70. 無 益 71. 苛 察 72. 屠殺 73. 禍福 74. 苟祿 75. 躁進 76. 特立 77. 勇退 78. 挫折 79. 不遇 80. 才技 81. 小節 82. 隨時 83. 背義 84. 事君 85. 事師 86. 同寅 87. 為士 88. 為農 89. 為工 90. 為商 91. 父子 92. 兄弟 93. 夫婦 94. 賓主 95. 奴婢 96. 交友 97. 年少 98. 將帥 99. 宰相 100. 好學

忍者無敵，能忍則安！

忍得一時之氣，可免百日之憂！忍一時風平浪靜，退一步海闊天空！

編者

第 1 章

言

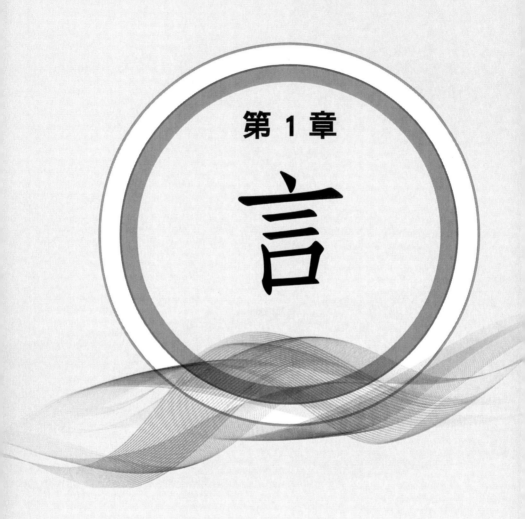

■ 原文

恂恂便便，侃侃誾誾，忠信篤敬，盍書諸紳。
訥為君子，寡為吉人。亂之所生也，則言語以為階；
口三五之門，禍由此來。
《書》有起羞之戒，《詩》有出言之悔，天有捲舌之星，
人有緘口之銘。
白珪之玷尚可磨，斯言之玷不可為。齒頰一動，千駟莫
追。
噫，可不忍歟！

■ 譯文

謙虛謹慎，口齒清晰，不急不緩，和顏悅色，竭心盡力，誠信不欺，忠厚老實，畢恭畢敬，這些皆是為人處世的基本原則。一個為人稱道的人言語通常極少，而一個言語嚴謹的人才稱得上君子。

病從口入，禍從口出，口是三五之門，禍害由此而生。一個不善辭令，口不擇語， 語言表達上把關不嚴的人，他所處的環境往往會混亂不堪。對此，古人早就有過先見之明，對後人有過警示。

《尚書．說命》記載：言從口出，一旦不合乎禮儀，就會招致羞辱。同樣，《詩經》中有「有欺不可為」的警句。

天上有捲舌星能識別讒言，在那金鑄人像的背後更有閉口不言的銘文。需要牢記的是：白玉破損了，還可以透過磨礪來修復，可一個人的言語失當，就沒有辦法去補救。古人曾感嘆：「一言即出，駟馬難追。」怎能不忍住自己的口舌之快呢？

■ 活學活用：一言即出，駟馬難追

俗話說得好：「病從口入，禍從口出。」人之所以發生爭執，不適當的言語是其真正的罪魁禍首。口舌很容易招惹是非。日常生活中最通俗的說法莫過於人們耳熟能詳的：吃壞東西不舒服的是你自己，而說錯話受傷害的是別人。古語有云：「一言即出，駟馬難追。」

聖人孔子也曾告誡後人：「君子說話言辭一定要慎重、緩慢。」在現實生活中與人交往時，如果任性而為，率直而言，直露胸臆，不注意言語的對錯輕重，只圖一時之痛快，到頭來恐怕只會給自己帶來無盡的煩惱，重者甚至遭到意想不到的災難。

小慧是一位相當優秀的女孩，漂亮大方又有人緣。結婚當天賀客滿堂，眾人認為新郎新娘兩人「郎才女貌」，真是天作之合，一定可以永浴愛河，白頭偕老。而小慧也非常高興，找到了如意郎君。在婚禮進行當中，小慧透過頭紗，偷偷地瞄了一下英俊體貼的老公，不禁感到欣喜與滿足，心想不久就將踏上人生的新旅程。

不料，婚後一個月，小慧開始覺得生活上不盡如意，也不如婚前想像的那樣美好。雖然小慧覺得老公很健談，有時說話也很幽默，但是有時卻也令她感到很不是滋味。譬如有一次，老公竟在朋友到家裡來聊天時說：「別的情侶、夫妻是彼此看對眼，我呀，是看走眼了！」小慧聽了，氣得白他一眼，一個人走進廚房生悶氣。

儘管事後老公解釋說，那些話只是在朋友面前「開開玩笑」而已，但小慧總是覺得很不舒服，為什麼每次都是以「否定別人」來開玩笑？而在家裡老是一副「只有他是對的」的樣子，動不動就說「你看你，這麼笨，連這麼簡單的事都不會做」、「哎呀，你們女人不懂」。很顯然，不恰當的言語是產生矛盾的根源。立身於競爭激烈的當今社會，我們還不應該牢記「禍從口出」這句至理名言嗎？當然，禍從口出也並不是讓你不說話，而是告誡你說話一定要謹慎。常言道：「言多必失，謹開言，慢開口。」

玉石破損了可以磨平，但說話不當導致的過失是無法補救的。

評語

言辭不忍有百害而無一利。言多必失，話一出口，妄下結論，所造成的影響，再用幾百句、幾千句話也彌補不了。

第 2 章

氣

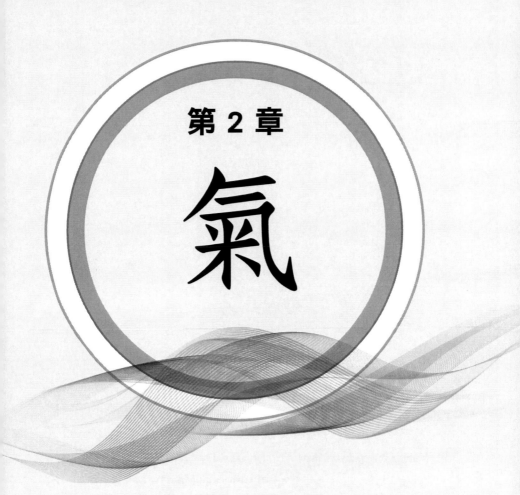

■ 原文

燥萬物者，莫漢乎火；撓萬物者，莫疾乎風。
風與火值，扇炎起凶。
氣動其心，亦蹶亦趨，為風為大，如鞴鼓爐。
養之則成君子，暴之則成匹夫。
一朝之忿，忘其身以及其親，非惑歟？
噫，可不忍歟！

■ 譯文

在能使萬物乾燥的東西中，再也沒有比火更熾熱的了；在能使萬物動搖的東西中，再也沒有比風更猛烈的了。當風與火同在時，火借風勢，風壯火威，引起的後果恐怕是災難性的。人同此理，火和風就像人的氣，人在氣頭上，如果再聽信流言就會產生可怕的後果。所以說，氣對人的狀態好壞影響非常大，就好比鼓風機向火爐鼓風一樣。只有臨危不亂，沉得住氣能培養「剛烈之氣」的人才能成為君子，而那些遇事動輒發怒、暴躁之氣盡現眼前的人注定了只能做小人。

如果因一時的憤怒，而將自己和親人忘卻於腦後，這難道還不叫糊塗嗎？請牢記：「為人處世務須忍聲吞氣。」

■ 活學活用：氣動其心，亦蹶亦趨

處在紛紜變幻的世界中，人應該有種權變的意識和手段，應該穩如泰山，靜如止水，這樣才會耳聰目明。急躁冒進之徒，為一己私利，便能大打出手。殊不知，圖一時之痛快，只會給自己帶來更多危害。

人不能心浮氣躁。靜不下心來做事，將一事無成。輕浮、急躁、冒進對什麼事都只知表面，往往會給自己帶來損失。

三國時期，關雲長失守荊州，敗走麥城被殺，此事激怒劉備，遂起兵攻打東吳，眾臣之諫皆不聽，實在是因小失大。正如趙雲所說：「國賊是曹操，非孫權也。宜先滅魏，則吳自服，操身雖斃，子丕篡盜，當因眾心，早圖中原……不應置魏，先與吳戰。兵勢一交，不得卒解也。」諸葛亮也上表諫止曰：「臣亮等竊以為吳賊逞奸詭之計，致荊州有覆亡之禍；隕將星於斗牛，折天柱於楚地，此情哀痛，誠不可忘。但念遷漢鼎者，罪由曹操；移劉祚者，過非孫權。竊謂魏賊若除，則吳自順服。願陛下納秦宓金石之言，以養士卒之力，別作良圖。則社稷幸甚！天下幸甚！」可是劉備看完後，把表擲於地上，說：「朕意已決，無得再諫。」執意起大軍東征，最終導致兵敗。

從這個例子中，就可看出，在關鍵時刻是不能讓怒火左右理智的，不然就會付出慘重的代價。氣之忍要求人們要踏實、謙虛，要求我們遇事要沉著、冷靜，多思考、多分析，然後再行動，而不要眼高手低做什麼都不穩，到最後毫無所獲。大凡天下成大事者，都能克服浮躁、衝動的毛病。

評語

動不動就發脾氣的人，終會自己害了自己。容忍心中的怨氣確實不太容易，但只要有頑強的毅力、堅定的信念，又怎能讓一時之氣衝昏頭腦呢？

第 3 章

色

■ 原文

桀之亡，以妹喜；幽之滅，以褒姒。

晉之亂，以驪姬；吳之禍，以西施。

漢成溺，以飛燕，披香有「禍水」之譏。

唐祚中絕昭儀，天寶召寇於貴妃。

陳侯宣淫於夏氏之室，宋督目逆於孔父之妻，敗國亡家之事，常與女色以相隨。

伐性斤斧，皓齒蛾眉；毒藥猛獸，越女齊姬。枚生此言，可為世師。噫，可不忍歟！

■ 譯文

夏桀之所以滅亡，是因為寵愛妹喜的緣故所致；周幽王之所以滅亡，是因為寵愛褒姒的緣故所致。

晉國之所以發生內亂，緣起於晉獻公寵幸驪姬；吳國的滅亡，緣起於吳王寵幸西施。漢成帝沉溺在趙飛燕的美色中不能自拔，以致於披香殿裡傳出「禍水」的譏諷。唐朝帝位的中斷，始自武則天；天寶年間胡人安祿山的入侵，因楊貴妃而起。陳靈公因在夏姬家中公開淫亂而招致殺頭之罪，宋國的華父督因美色，殺夫奪妻而終遭殺身之禍。這些亡國敗家的事情，常常是因為迷戀女色所引起的。

年輕的美豔女子是砍伐性命的利器。越女齊姬更是毒藥猛獸，枚乘的這番話，應當引起世人的注意，更應引起當權者的警惕。

■ 活學活用：敗國亡家，女色相隨

好色是人的本性，也是人與之俱來的頑疾。

生活中除飲食起居，功名利祿，剩下的恐怕就只有「色」了。「色」是生活中最誘人、最活躍的字眼。上至帝王將相、才子佳人，下至平民百姓、販夫走卒，又有多少人能逃離好色的魔掌？

好色固然無可厚非，但是，為了滿足自己的一己色慾，卻不顧天下安危、棄社稷江山於不顧，就有違天意、有失民心，到頭來除了遭人唾棄，成為別人茶餘飯後的笑柄之外，也就只能遺臭萬年。

桀是夏的君主，他討伐有施氏。有施氏為了躲過一劫，於是把女兒妺喜嫁給了他。桀對妺喜十分寵愛，可以算得上是言聽計從。桀還為她修建了瓊宮瑤台，用盡了民力、財力。據史書記載，襄殿裡邊的鮮肉像山，乾肉像森林，酒池可以行舟。一擊鼓而像牛一樣喝酒的人有三千，妺喜為此而非常高興。但是，由此導致的後果是，國內人心渙散，湯乘機來攻打，桀被放逐南巢後死去。

翻開歷史長卷，作奸犯科之人常有，因此而失掉身家性命之人不計其數。好色使其膽大，色膽包天。因為好色而引出的罪孽、暴行、墮落之種種罄竹難書。

評語

為了滿足自己的色慾而無所顧忌、醜態百出；因好色而犯罪，手段狠毒，這就超出了人的本性，必將因色而葬送了自己。

第 4 章

酒

■ 原文

禹惡旨酒，儀狄見疏。周誥剛制，群飲必誅。
窟室夜飲，殺鄭大夫。勿誇鯨吸，甘為酒徒。
布爛覆瓿，箴規凜然；糟肉堪久，狂夫之言。
司馬受陽谷之愛，適以為害；灌夫罵田蚡之坐，自貽其禍。噫，可不忍歟！

■ 譯文

夏禹雖讚美美酒的甘甜，但又深知「後世必有以酒亡其國者」的道理，因而疏遠了儀狄。周成王為了天下社稷，更是告誡百姓：嚴禁酗酒，對聚眾飲酒之人更是格殺勿論。

鄭國有位大夫嗜酒如命，並特地做了地窖以方便於夜間喝酒，後來遭誅殺。李適雲在唐朝時曾任左相，每天飲酒就像大海中的鯨魚吞吸百川的水一樣。因此，千萬不要自誇有酒量而心甘情願當一個遭人唾棄的酒徒。

晉朝的王導曾經勸告迷戀美酒的孔群說：「你經常喝酒，難道就沒有看見蓋酒罈的布，時間長了都腐爛了嗎？」孔群卻說：「你沒有看見肉，用酒糟醃了保存時間會更久一些嗎？」此一問一答，明眼人一聽就能分辨出哪一句是箴言，哪一句是狂語。

谷陽因為愛戴司馬子反，在其口渴時拿酒給他喝，可子反以酒為水，結果醉臥不起，導致貽誤軍情，招致斬首。剛直的西漢灌夫因醉酒在丞相田蚡的婚禮上使酒罵坐，結果給自己釀成禍患。唉！酒能誤事招禍，面對酒的誘惑，怎麼能夠不忍耐呢？

■ 活學活用：酒多亂性，言多必失

借酒消愁，愁更愁。酒入愁腸，麻醉一時，使自己忘卻煩惱，這大概是貪酒的唯一好處。然而嗜酒如命，貪而不忍，對自身有百害而無一益。要是醉到深處，而酒後失言，只會無故樹敵；酒後失態，也只會讓昔日朋友反目成仇，多年交情化為灰燼。

西漢漢武帝時灌夫進入朝廷做了太僕。他性情剛直，喜歡喝酒。元光四年，丞相田蚡娶燕王女兒為夫人，太后召集各個諸侯都去慶賀。當時竇嬰、灌夫都喝得爛醉。

灌夫敬酒依次到了臨汝侯灌賢面前，灌賢正和程不識悄聲說話，沒有起來還禮，灌夫大怒罵灌賢道：「你平時是個不值一錢的人，今天為年長的人祝壽，你又像婦人似地嘀嘀咕咕！」田蚡勸灌夫說：「程不識和李廣兩人都是東西宮衛尉，現在當眾羞辱程將軍，你難道不為李將軍留點面子嗎？」灌夫說：「今天就要被殺頭，哪裡還知道什麼程將軍、李將軍！」竇嬰見狀，揮揮手讓灌夫出去。田蚡很生氣，於是就上摺奏告灌夫在穎肆意妄為，要彈劾灌夫。竇嬰求他說灌夫是因喝醉而犯下過失的，可是太后很生氣，就殺了灌夫和竇嬰。

只因為一次酒後失言而留下怨恨，造成身死的慘劇。喝酒誤事、誤己、誤人、誤國的例子比比皆是，怎麼能不節制呢？

日常生活中，我們經常能聽到，為了讓你喝高興，我今天捨命陪君子，結果你來我往，直到酩酊大醉，往往耽誤大事，橫生禍端，酒雖好喝，可它能誤事害人。

評語

酒能傷身，酒能亂性，酒能亂行。酒這東西，喝多了，你就無法自控，你也就什麼話都可能說出來，什麼事都可能幹出來，可是當你酒後清醒過來，後悔怕是來不及了。

第 5 章

聲

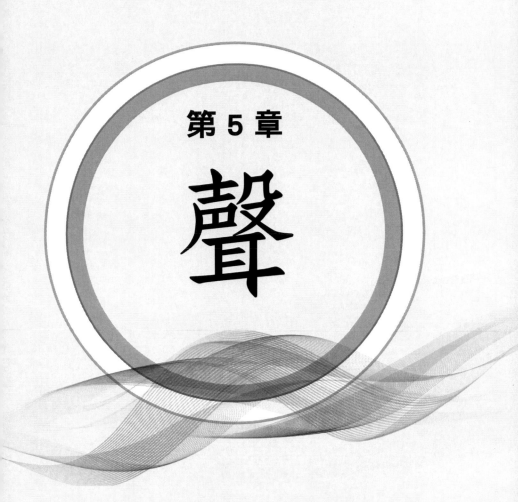

■ 原文

惡聲不聽，清矣伯夷；鄭聲之放，聖矣仲尼。

文侯不好古樂，而好鄭衛；明皇不好奏琴，乃取羯鼓以解穢。雖二君之皆然，終貽笑於後世。

霓裳羽衣之舞，玉樹後庭之曲，匪樂實悲，匪笑實哭。

身享富貴，無所用心；買妓教歌，日費萬金；妖曲未終，死期已臨。噫，可不忍歟！

■ 譯文

伯夷從不聽敗壞人心性的聲音，被推崇為聖人中最清高的人；取締鄭國靡靡之音的是聖人孔子。

魏文候不喜歡雅樂，而興趣盎然於鄭、衛兩國的靡靡之音中；唐玄宗不喜歡聽奏琴，反而偏愛外族音樂，以此來排解鬱悶之氣。致使兩位君主成為後人譏笑的對象。

《霓裳羽衣》這樣的舞樂，《玉樹後庭花》這樣的歌曲，不都給朝政帶來了災難嗎！唐明皇的歡快之聲不正是變成了一曲悲歌嗎！陳後主一時的歡快，不是定格成永恆的悲泣嗎！晉朝石崇，身為權貴之人日日揮金如土，整日享受榮華富貴，沉溺於聲色犬馬之中，買來女子教他們唱歌跳舞，任意揮霍，最終的結局是不僅被殺，而且殃及父兄及妻兒，這正是妖曲未盡，死期已到。擾亂人心的聲音是如此禍國殃民，怎麼能夠不拒絕它的誘惑呢？

■ 活學活用：妖曲未終，死期已臨

高雅的聲樂往往能讓聽者修心養性、心曠神怡，而惡濁之聲卻只會徒然攪擾他人之耳。意志堅定者不為惡濁之聲所動，而意志薄弱者卻很容易沉溺其中，而萎縮不前、玩物喪志。

當今社會中，很多人厭惡高雅之樂而鍾情於靡靡之音。到頭來一事無成，浪費了大好時光。

唐朝的時候，宮中奏起高貴典雅的曲子，可唐明皇還未聽完一曲，急忙叫終止：「快召花奴拿花鼓來，給我解解悶。」於是拿出羯鼓，召來花奴。汝陽王李進曾經帶著砑硝帽奏曲，皇上親自摘紅槿花插在他的帽子上，並給他取名叫「花娘」。

唐明皇在中秋之夜夢見羅公遠遊歷月宮，看見仙女幾百人，佩著白色的絲帶，穿著寬衣，在廣庭中舞蹈。唐明皇問：「這是什麼曲？」回答說：「這是霓裳羽衣曲。」明皇於是暗記曲子的音調，然後教宮人學著唱用來娛樂，於是懈怠於國家政事，導致發生了「安史之亂。」那時候，中原動亂，唐明皇狼狽地逃到四川，所以白居易在《長恨歌》中寫到：「漁陽鼙鼓動地來，驚破霓裳羽衣曲。」

當今社會的人啊，為什麼不警醒。愛好靡靡的樂曲，從表面上看好像只是個人愛好問題，無傷大雅，也因此而往往被忽視。然而，從一個人是喜歡高雅的樂曲，還是偏愛靡靡之音，首先折射出來的是他（她）的道德修養問題，從中我們能看到一個人的志向和胸懷。

評語

沉迷於低下的曲調，個人的格調和品行修養就不可能很高，整天在靡靡之音中度日，只會給自己及親人帶來災難性的後果。

第 6 章

食

■ 原文

飲食，人之大欲，未得飲食之正者，以饑渴之害於口腹。人能無以口腹之害為心害，則可以立身而遠辱。

黿羹染指，子公禍速；羊羹不遍，華元敗衄。

覓炙不與，乞食目痴，劉毅未貴，羅友不羈。

舍爾靈龜，觀我朵頤。飲食之人，則人賤之。噫，可不忍歟！

■ 譯文

吃喝是每個人都有的重大慾望。久餓之人，吃什麼都香；久渴之人，喝什麼都甜，其實這是失去了飲食的正常滋味，是由饑渴所造成的一種錯覺罷了。饑渴能破壞人正常的口腹感覺，那麼貧賤也能摧殘人的心志。假如面對錢財還能做出合乎道義的選擇，則能成家立業遠離恥辱了。

子公只不過因為用手指蘸鱉湯嘗了一下，而差點招致殺害。華元殺羊慰勞士兵，因遺忘了車伕而遭到慘敗。

庾悅不肯給劉毅熟肉吃，是因為當時他還沒有做官。羅友被人誤以為是討飯的傻子，可實際上卻有非凡的才能。

正如《易經》所言：「捨棄自己那如同靈龜般的智慧，去觀望別人心中的食物，此乃凶封。」暴飲暴食，為求美食不擇手段，甚至喪失人格，人們怎麼能不鄙視他？口腹會使人失去智慧，面對它的誘惑怎能不忍一忍呢？

■ 活學活用：飲食之人，則人賤之

吃喝是人生來就有的慾望和得以生存的必要手段。一個人要是餓了，平常最厭惡的食物他也會認為是天底下最好吃的。要是渴到極限，喝什麼都會認為甘甜可口。這樣的情況在當今社會也時有發生，深受自然災害而無家可歸的人們，飽嘗戰爭之苦而流浪在外的難民，為能有一口粗食而興高采烈，而歡呼跳躍。

是清苦農民也好，是流浪難民也罷，是富甲一方還是富可敵國，我們都要記住不要為了美酒佳餚而輕易做出有辱人格之事，招來無端災難。

宣公四年，楚國進獻給鄭靈公一對烏龜。公子宋和子家正要見靈公，子公的食指動了動，指給子家看說：「哪天只要我食指動了，一定會嘗到美味。」進入宮中後，廚子將要烹煮烏龜，兩人相視而笑。靈公問其原因，子家就告訴了他。等到吃龜的時候，把子公叫來，卻不給他吃。這一下子公生氣了，把手指伸入鍋鼎沾了一下，嘗了一下後出來了。為此靈公很生氣，想殺子公。然而，子公卻與子家謀劃好了，殺了靈公。

鄭靈公首先不是一個明智的君主，他不給子公吃龜，是出於一時的故意逗弄，而子公卻覺得這是對他的汙辱，強行用手去鍋鼎中沾著吃了一點湯。只是為了爭吃這一點美味鄭靈公死於子公之手。而子公殺君之心早已有之，不過是沒有藉口，為討一口龜肉，沒有吃到，成了促使他殺鄭靈公的契機。

評語

口腹之欲有時表現的並不單純是吃點什麼，喝點什麼，這背後牽涉到許多人際關係，甚而是關係到身家性命和國家存亡。倘若因為一時的美味沒有嘗到，而產生爭執、仇恨，甚至帶來禍害這也實在是太不值了。

第 7 章

樂

■ 原文

音聾色盲，馳騁發狂，老氏預防。
朝歌夜弦，三十六年，嬴氏無傳。
金谷歡娛，寵專綠珠，石崇被誅。
人生幾何，年不滿百；天地逆旅，
光陰過客；若不自覺，恣情取樂；
樂極悲來，秋風木落。
噫，可不忍歟！

■ 譯文

《老子．十二章》說：「五音會造成人耳聾，五色會造成人眼瞎，縱橫馳騁去打獵會使人心發狂。」

白天歌舞，夜裡奏樂，短短三十六年，秦王朝就此滅亡。在金谷園內縱情歡愉，寵愛妾綠珠，石崇因此被殺。人一輩子能有多久，還不到百歲時光。天地只是暫時居住的旅館，光陰是永遠的過客；如果不珍惜這短暫的時間，只知道一味地恣情取樂，到頭來必會樂極生悲，像秋風過後的草木凋零一般。

唉！物極必反，樂極生悲，怎能不忍受恣意享樂的慾望呢？

■ 活學活用：物極必反，樂極悲來

人生在世一輩子能有多久，短短幾十載。如果放縱自己，一味縱情取樂，就會樂極生悲，就像秋風過後的草木凋零一般，到頭來一事無成。

貪圖安逸，追求享受，只會自毀長城。一個人處於安穩快樂的環境中，就會置憂患於不顧，長此以往，慢慢地消磨了自己的意志，變得不求上進、得過且過，發憤圖強也就無從談起，最後，以失敗而終其一生。

有一個富商，生意做得很紅火，每日操心算計，多有煩惱。緊挨他家住著一戶窮苦人家，夫妻倆以賣豆腐為生，雖說清貧辛苦，卻有說有笑。

富商的太太見此心生妒忌，說：「唉！別看咱家裡嵌金鋪玉，可我覺得還不如隔壁賣豆腐的窮夫妻，他們雖然窮，可比我們快樂十倍啊！」富商見太太這樣講便說：「那有什麼，我叫他們明天就笑不出來。」言罷，他一抬手將一個金元寶從牆頭扔了過去。

次日清晨，那對窮夫妻發現了那塊來歷不明的金元寶，欣喜異常，都說發財了，再不用磨豆腐了。可是用這些錢來做點什麼呢？他們盤算來盤算去，又擔心被左鄰右舍疑為偷竊了錢財。如此這般，夫妻倆茶飯不思，坐臥不寧。

自此，鄰居們再也聽不到他們的笑聲了。

快樂是什麼？快樂就是目睹花朵綻開，看著蜜蜂在陽光下閃亮飛舞，心滿意足地握著朋友親切的手，摸著愛人的秀髮，而不是山珍海味，貪圖安逸。

評語

在競爭激烈的商業社會，如果你一味飽食終日，無所事事，自然會淪落到社會的底層，甚至可能會蛻化成社會的害蟲，為人們所深惡痛絕。

第 8 章

權

■ 原文

子孺避權，明哲保身；楊李弄權，誤國殄民。

蓋權之於物，利於君，不利於臣，利於分，不利於專。

唯彼愚人，招權入己，炙手可熱，其門如市，生殺予奪，目指氣使，萬夫

脅息，不敢仰視。

蒼頭廬兒，虎而加翅，一朝禍發，迅雷不及掩耳。

李斯之黃犬誰牽，霍氏之赤族奚避？噫，可不忍歟！

■ 譯文

張良放棄高官權位，用這種明智的辦法保全了自己；楊國忠、李林甫卻仗勢欺人，玩弄權術貽誤國事禍及百姓。

通常權勢這種東西，有利於君主不利於臣子，有利於等級名分，不利於大臣專權。只有愚昧無知的人才把權力攬在手中，氣焰無比，當他們得勢時，眾人巴結奉迎，家門口就像集市一樣熱鬧非凡。他們掌握著生殺的大權，用眼神和氣色指使別人。眾人見他都屏住呼吸，甚至沒人敢抬頭看他一眼。

小人得勢，就像老虎添了翅膀，更是胡作非為。當災難一旦來臨，就像迅雷不及掩耳一樣，躲也躲不了。李斯家的黃狗還有誰去牽？霍光的家遭到株連，誰又能逃脫？面對權

勢的誘惑時，怎麼能不忍耐呢？

■ 活學活用：避權保身，弄權招禍

德高之人得權勢，就能興國安邦；而陰險小人得權勢則貽誤國事，殃及百姓。通常情況下，權勢往往對為官的人有利，而對平民百姓不利。當你身居要職，而身邊又有小人當道時，你該如何面對？

西元前二〇一年，劉邦江山坐定，冊封功臣。蕭何安邦定國，功高蓋世，列侯中所享封邑最多。其次是張良，封給張良齊地三萬戶，張良不受，推辭說：「當初我在下邱起兵，同皇上在留縣會合，這是上天有意把我交給您使用。皇上對我的計策能夠採納，我感到十分榮幸，我希望封留縣就夠了，不敢接受齊地三萬戶。」張良選擇的留縣，最多不過萬戶，而且還沒有齊地富饒。

張良回到封地留縣後，潛心讀書，蒐集整理了大量的軍事著作，為當時的軍事發展，作出了重要的貢獻。

漢王朝的江山雖然已經鞏固，但統治集團內部的明爭暗鬥仍然十分激烈複雜，稍有不慎，就會捲進殘酷的政治鬥爭中，輕則落得身敗名裂，重則身首異處。張良不但在處理各種複雜問題上，表現出過人的智慧，在功成名就時不貪功、不爭利，以忍讓保全名身的高尚品質，更是難能可貴。

評語

考取功名，追求權勢的故事流傳至今不絕。玩弄權術，欺上瞞下，中飽私囊，又上演了多少幕醜事，或命喪黃泉，或關入監獄，只因貪戀權位所起。為一朝之風光而失百年身家性命，當權者們，還不應該清醒嗎？

第 9 章

勢

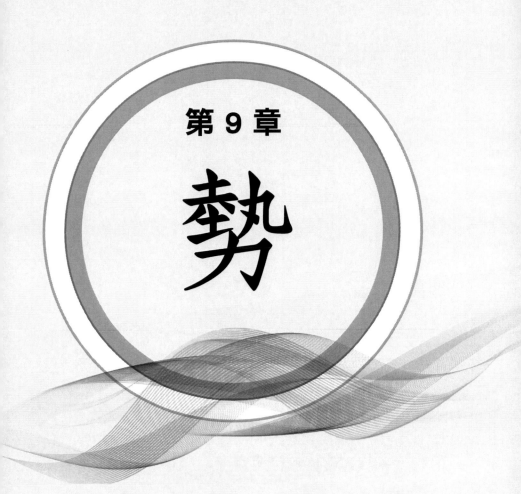

■ 原文

迅風駕舟，千里不息；縱帆不收，載胥及溺。
夫人之得勢也，天可梯而上；及其失勢也，一落地千丈。
朝榮夕悴，變在反掌。炎炎者滅，隆隆者絕。
觀雷觀火，為盈為實，實天收其聲，地藏其熱。
高明之家，鬼瞰其室。噫，可不忍歟！

■ 譯文

順著強勢之風行舟，日行千里，豈不快意！但是倘若一味如此，忘了適時掌握舟船的方向，也難逃覆舟淹滅的命運。

人的勢力同樣如此。人在得勢時，可以平步青雲；一旦失去權勢，就會一落千丈。一個人的權勢是瞬間變化的，早上還身為卿相，盡享榮華富貴；晚上失勢時卻是布衣平平，這種變化就如反轉一下手掌般容易。熊熊大火是要滅的，隆隆的雷聲是要絕的，看著雷和火，有滿耳之聲，有耀眼之光，可是天收雷聲，地藏火熱。地位高的人，鬼神時刻窺視著他的家室。啊！勢力的變化是如此迅速而無常，面對它的誘惑，難道不該忍耐嗎？

■ 活學活用：朝榮夕悴，變在反掌

什麼是得勢，你有了勢力又怎麼辦？古人云：順風行船，日行千里。然一味如此，而忘卻舟船的方向，就一定會有翻船淹沒的災難。做人也是如此：如果你膽大妄為，無所顧忌，放任自己，憑著勢力而為非作歹，災難一定會降臨到你的頭上。

唐朝中後期，宦官專權愈演愈烈。其中唐代宗時期深受代宗寵幸的魚朝恩便是典型一例。由於皇帝的寵幸，在平時上朝，群臣議事時，魚朝恩常常自恃功高，肆意專橫，擺出一副文武百官之師的架子，動輒訓斥文武。宰相元載及其他大臣無不屏息靜聽，默不作聲。

他在所統領的神策軍中私設監獄，暗中唆使一些惡少隨意逮捕富人，抄家，判刑，把抄沒的家產，攫為己有。後來，甚至對進京應考的讀書人也不放過，只要探明哪個人帶有大量錢物進京，就從旅店中將其抓來，嚴刑拷打，定成死罪，將錢財沒收。一時之間，京城之中，人人畏懼，稱被魚朝恩抓去的人為「入地牢」。

一時之間，朝野上下，高官百姓，都對魚朝恩倚仗主寵，飛揚跋扈的行徑深惡痛絕。皇上本人對此終於有所察覺。鑒於魚朝恩的專橫不法對皇權構成了威脅，代宗決心除去魚朝恩。在宰相元載協助下，終於將魚朝恩抓獲，魚朝恩不服罪，竟與代宗頂撞起來，代宗勃然大怒，處死了魚朝恩。

魚朝恩以一名宦官的身分，本是代宗駕前的一個奴才。但他自恃皇恩，蠻橫無法，壞事做盡，惹得天怒人怨，以至於其主子代宗皇帝也對他不能容忍了，終將其處死。可見仗勢欺人者若一朝失權，將會變得不堪一擊。

評語

倚仗勢力欺壓別人，那叫仗勢欺人。仗勢欺人者，說到底自己也是一介平民，卻到處宣稱自己與眾不同。偏要借助於他人的威風，作威作福，欺壓鄉里鄰人。這種人其實是最沒出息和最不懂做人的人，他們不懂得這樣做會產生什麼後果，他們往往只看重眼前的一點利益，殊不知他們得了芝麻，丟了西瓜。自古仗勢欺人者其下場往往是可悲的。

第 10 章

貧

■ 原文

無財為貧，原憲非病；鬼笑伯龍，貧窮有命。
造物之心，以貧試士，貧而能安，斯為君子。
民無恆產，因無恆心，不以其道得之，速奇禍於千金。
噫，可不忍歟！

■ 譯文

沒有錢財叫貧，原憲是貧而不是病；伯龍遭鬼譏笑，貧窮原本命中注定。上天以貧試士的原意是想借助貧窮來檢驗誰更有志氣。

在貧窮的境地仍能安貧樂道，這才是君子所為。百姓之所以沒有永久傳世的家業，歸根於他們沒有堅強的意志。用非正當方法聚集錢財的人，罕見的禍患通常會在極短的時間裡突然降臨於他的頭上。唉！當處於貧之境時，怎能不多加忍耐呢？

■ 活學活用：貧而能安，斯為君子

或許你飽嘗貧窮的苦楚，或許你憤怒生於窮鄉僻壤，或許你又憤怒於世間貧富太過懸殊，這些君子都能安然處之。他們處在貧賤之時，眼裡無視權勢、富貴的存在，那是安於貧賤，品質高尚和自我修養非常好的表現，此種人一旦時機成熟，必然能發揮自己的才幹，因為他會牢記貧賤時的感受，能忍貧寒，則能珍惜權位，知道怎樣去合理地運用權力。在身處逆境時，也能安貧樂道。

有一位年輕英俊的清潔工，他每天早晨拉著垃圾車經過福羅拜家樓下時，都會晃動他手上的搖鈴。當福羅拜提著垃圾袋走向他時，他總是微笑著，在垃圾車旁，優雅地做個「請」的姿勢，就像在說「歡迎光臨」。

他總是打扮得很整潔，甚至時髦，乾乾淨淨的，像是在做一件很體面、榮耀、驕傲的事。有一次，福羅拜還看見他用掃帚對準了地上的一個菸蒂，擺出打高爾夫球的姿勢，一桿把菸蒂揮入距離二、三步遠的畚箕內，還頑皮地對福羅拜扮了個鬼臉。

這個青年人原先他在一家飯店裡當迎賓服務生，後來因為老父病重，便回老家照顧病人，同時兼做了一名清潔工。

在與垃圾打交道中，他總能抱著一顆感激的心，因為有事做是最重要的。或許被他優雅、自信、有禮的言行所感動，每次倒垃圾時，福羅拜都不忘說聲「謝謝」。對此，他很激動。他說他永遠不會看輕自己，但仍然在乎別人的尊重與肯定。

人處於不發達的境地，很多人自然就會看不起你，無論是談話還是辦事，都不會重視你，不僅如此，可能還會讓你受盡侮辱。

評語

在身處卑微的時候，應該怎麼做呢？別人輕視自己，自己卻不能看不起自己。面對一時不公，忍氣吞聲不去計較，不是自輕的賤，而是一種忍的生存、發展的最佳方式。

第 11 章

富

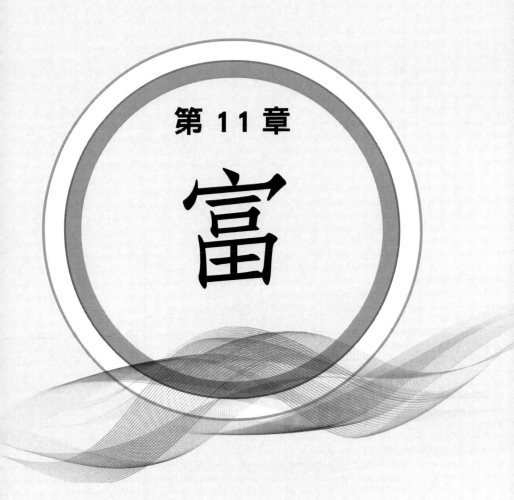

■ 原文

富而好禮，孔子所誨；為富不仁，孟子所戒。蓋仁足以長福而消禍，禮足以守成而防敗。怙富而好凌人，子羽已窺於子；富而不驕者鮮，史魚深警於公叔。慶封之富非賞實殃，晏子之富如帛有幅。

去其驕，絕其吝，懲其忿，窒其欲，庶幾保九疇之福。噫，可不忍歟！

■ 譯文

富有而愛好禮儀，這是孔子對富人的教誨；一心貪圖致富便不能施行仁義，這是孟子對世人的告誡。通常行仁義者能保持幸福而消災滅禍，愛好禮儀的完全能保持已有的成就而防止失敗。

憑藉富有而喜歡欺侮別人，子羽已經看到了子皙的下場；富有而不驕侈的人少有，這是史魚對公叔提出的深刻警告。

慶封的富有並非是上天的賞賜，實際上反而是一種懲罰，晏子因為明白「富者不可安益，益則取之」的道理，堅持操守，拒絕更加富有。

富有不是罪過，但如無克制之心則會招來災禍。若是能除去矜誇之態，去其鄙俗吝嗇之心，消其心中之怒，堵其淫慾貪念，那麼差不多可以保享五福了。因此，一個人擁有一定的財富之後，怎麼能夠不忍住自己的驕奢之心呢？

■ 活學活用：富而好禮，為富要仁

即使你非常富有，仍需要禮賢下士，透過散播愛心而使你的人際關係非常和諧。

據説生意鼻祖陶朱公就曾疏財而廣施衣物，被人稱為最有頭腦的生意人。可也有很多生意人，財迷心竅，為發財而不擇手段，或發財之後為富不仁，結果樹敵太多，到最後成為孤家寡人。

作家筆下的富商葛朗台一輩子累積了巨額的財富，但是他的貪婪本性並沒有因為其富有而改變。在彌留之際，當神父把鍍金的十字架放到他唇邊，讓他親吻聖像時，他卻用一個駭人的姿態想把十字架抓在手裡。他不擇手段賺到的巨額財富，自己沒有享用，卻成了累贅。他整日忙於算計，絞盡了腦汁，臨終前還一再叮囑女兒，好好代他保管，到陰間後再交給他。

葛朗台沒有朋友也沒有信賴的人，雖然有女兒，然而自私自利像無形的繩鎖，牢牢鎖住了他，使他一直過著寂寞、孤獨的節儉生活，他愛錢勝過了愛命。他的一生是個守財奴悲慘的一生，值得人們警惕。

評語

事物往往是對立存在的，有財富而好禮者，當然也不乏陰險、心狠手辣、唯利是圖之人，然而，他們的生存空間會越來越小，到最後只能徹底消失。因此，求富心切的人們，請牢記：

富而好禮，而不要為富不仁。

第 12 章

賤

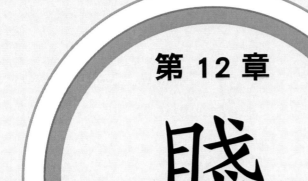

■ 原文

人生貴賤，各有賦分；君子處之，遁世無悶。
龍陷泥沙，花落糞溷；得時則達，失時則困。
步騭甘受征羌席地之遇，宗慤豈較鄉豪粗食之羞。
買臣負薪而不恥，王猛鬻畚而無求。
苟充詘而隕獲，數子奚望於公候。噫，可不忍歟！

■ 譯文

人生的富貴與貧賤，實際上早在冥冥之中有了定數；君子即便面臨困境，但他依然能泰然處之而不煩悶。蛟龍有身陷泥沙的時候，豔麗的鮮花同樣有可能掉入糞坑。所以，一個人如果能掌握先機，榮華富貴也就能唾手可得，而一旦錯過機會則將陷入貧賤之境。步騭心甘情願地接受征羌為他在地上擺下酒席的待遇，宗慤不去計較鄉間豪紳施給他粗茶淡飯所帶來的羞辱。還有西漢名臣朱買臣背著柴木讀書而並不為此而感到羞愧，王猛就是到了以賣畚箕為生的地步，卻依然沒有去追求功名。

一個人身處貧賤之時，不因窘迫而失去自己的志向，身處富貴之時也不能驕喜而失去禮節。

一個人在貧賤之時仍要能悠然自得，不怨天尤人、不攀仰富貴。而一旦時機到來之時，則要能善於抓住機會，成就自己。這就是「有志者事志成」。唉！處於貧賤之境的人怎能不安心忍受這種困境呢？

■ 活學活用：人生貴賤，各有賦分

每個人的富貴和貧賤，都自有其天賦與本性；真正的君子即便在貧窮、落魄的時候，也不會消沉、低落；即使處境困厄，被眼前的事物困擾，他們往往能從貧賤之辱中走出來。貧窮並不可怕，可怕的是由此失去了向上之心，而甘於沒有尊嚴地偷生。意志堅定對那些處於困境之中的有識之士來說，應該是一項必備的條件。

曾子身穿破舊的衣服耕田，魯國國君派人送給他一塊封地，告訴他說：「請你用這塊封地的收入製作一些衣服吧。」曾子沒有接受。魯國國君反覆地派人來，曾子一再地拒絕。使者說：「這不是您向別人索求，而是人家主動奉送給您的，為什麼不接受呢？」曾子說：「我聽說，接受人家的東西，就要懼怕人家；給予人家東西，就要傲視人家。魯君的恩賜，不會傲視我，但我能不畏懼嗎？」孔子聽到這件事，說：「曾子說的話，足夠保全他的節操了」。

物質上的富有和精神上富有，並不是等同的。一個人，不要因為物質貧窮，就失去了人的高貴和尊嚴，更不能失去努力進取的決心和意志。像曾子那樣，人窮志不窮，人窮尊嚴不窮。不以物質論高貴。做到如此，離富貴也就不會遠了。

評語

俗話說：「好漢不怕出身低。」一個人不必為自己的出身低賤而自卑，更不必為生活貧困而苦惱。古人云：「貧賤非辱，貧賤而求於人的為辱；富貴非榮，富貴而利濟於世的為榮。」就是說因為貧困而失卻志氣才是自己的恥辱。

第 13 章

貴

■ 原文

貴為王爵，權出於天；洪範五福，貴獨不言，
朝為公卿，暮為匹夫。橫金曳紫，志滿氣粗；下獄投荒，布褐不如。
蓋貴賤常相對待，禍福視謙與盈。
鼎之覆餗，以德薄而任重；解之致寇，實自招於負乘。
訟之鞶帶，不終朝而三褫；孚之翰音，凶於天之躐登。
靜言思之，如履薄冰。噫，可不忍歟！

■ 譯文

人有爵位俸祿稱之為貴，天子最為高貴；《尚書・洪範》裡提到的五福為壽、福、康寧、修好德、終命，唯獨沒有提到貴，是為什麼呢？原來貴賤是可以相互轉化的。

身居高位的貴人早上還是個公卿，到晚上卻變成了一個平民。他們順達時，腰纏萬貫，大紅大紫；失勢時就會福去禍來，投放獄中，發配流亡，連平民百姓都不如。因此，貴與賤並非固定的，它們時時在相互轉化。而禍與福則完全取決於一個人的傲慢與謙遜。

《易經》曰：「鬼神害盈而福謙，人道惡盈而好謙。」人同此理，假如一個人道德淺薄而竊居高位，智慧不夠而謀劃大事，能力不足而擔當重任，這就好比一隻雞原本不是登天

之物，卻還想登天，哪有不失敗的。靜下心來想想，真有一種如履薄冰的感覺呀！面對富貴的誘惑，怎能不忍耐一下追求之心呢？

■ 活學活用：貴為王爵，權出於天

《尚書．洪範》裡提到五福：壽、富、康寧、修好德、終命，唯獨沒有提到貴，為什麼呢？究其原因是因為貴和賤是對立相隨的，互相轉化而沒有定規。

有貴就有賤，這是相對而生的。如果你貴為王者，更應該時刻警惕，身居高位，人便會有輕浮之心，會有浮躁之感，你的為人處世便相應的會以自我為中心，這是非常危險的。身居要職，自然周圍就有譁眾取寵之人，有口蜜腹劍之輩，而此時的你是非常危險的。

有一位女子，出身於一個平常的家庭，做一份平常的工作，嫁了一個平常的丈夫，有一個平常的家。總之，她十分平常。

忽然有一天，網路上大張旗鼓地應徵一名特型演員演王妃。她的一位好心朋友替她寄去一張應徵照片，沒想到，這個平凡的女子從此開始她的「王妃」生涯。

現在，平常女子已經駕輕就熟地扮演「王妃」了，進入角色已無需費多少時間。糟糕的是，現在她要想恢復那個平常的自我卻非常困難，有時要整整調整一個晚上。每天早晨醒來，必須一再提醒自己「我是誰」，以防止毫無來由地對人指點驅使；在與善良的丈夫和活潑的女兒相處時，她必須一再告誡自己「我是誰」，以避免莫名其妙地對他們喜怒無常。平常女子深感痛苦地對人說：一個享受過優厚禮遇和至上尊敬的人，恢復平常實在太難了。

評語

　　當一個人經歷過一呼百應、至上至尊的階段後，再讓他回到平民中去，他的內心將要承受極大的痛苦。一個人往高位上爬是艱難的，返回到原來的位置將更加艱難。請牢記：站在浮雲上你可能體會到騰雲駕霧的快感，可別忘了腳底下是空的。

第 14 章

寵

■ 原文

嬰兒之病傷於飽，貴人之禍傷於寵。

龍陽君之泣魚，黃頭郎之入夢。

董賢令色，割袖承恩，珍御貢獻，盡入其門。堯禪未遂，要領已分。

國忠娣妹，極貴絕倫；少陵一詩，畫圖麗人；漁陽兵起，血汙遊魂。

富貴不與驕奢期，而驕奢至；驕奢不與死亡期，而死亡至。思魏牟之諫，穰侯可股栗而心悸。噫，可不忍歟！

■ 譯文

嬰兒之所以生病，一般是因為吃得太飽的緣故；富貴的人遭禍，一般是因為受到寵愛的緣故。

龍陽君對著釣上來的魚哭泣的原因是怕失寵，黃頭郎進入漢武帝夢中，只為使鄧通得寵。董賢憑藉俊俏的容貌得到哀帝割袖的恩寵。得到的珍寶貢品數不勝數，哀帝連位都想讓給他，可惜還沒有成功，他卻已身首異處了。

楊國忠兄妹，勢焰熏天、權幸無比，杜甫為此還作了《麗人行》就是描繪此景。安祿山在漁陽起兵反叛，貴妃也因此被賜死。

富貴並沒有和驕奢相約，但驕奢自動會來；驕奢沒有和死亡相約，死亡也會不請自到。想起魏公對自己説的話，穰侯不禁感到心有餘悸。因寵而貴，因貴而富，因富而驕，因驕而亡命，這是一條必然的歸宿啊！面對寵幸的誘惑，怎能不克制嚮往之心呢？

■ 活學活用：貴人之禍，傷於寵幸

一個人如果得到貴人的寵幸，他就會富貴起來，而一旦富有起來，驕傲之心必然會日益膨漲，而驕傲之心最終是引起災禍的根源所在。這是一條千古不變的定律。

西漢董賢，字聖卿，雲陽人。長得很漂亮，他先做太子舍人，建平四年，入宮做了侍中，後來官位至大司馬。哀帝十分寵幸他，他出門與皇帝同坐一車，入宮則陪伴皇帝食宿。他的妻子也住在宮中，妹妹當了皇妃，父親董恭當了少府，富貴震動朝廷，權力與皇帝相當。

董賢曾經和皇帝白天一起睡覺，壓住了皇帝的袖子，皇上醒來，但董賢沒醒，為了不驚動董賢，於是割掉袖子起床，寵愛董賢到了這種程度。皇上為他在北闕修了大府第，精巧到極點，還賞給他國庫中的珍寶，把它們都放到董賢家中。

第二年，哀帝去世，董賢因為犯罪被賜死，第二天和妻子一起自殺了。

你或許感嘆人世的無常，不明白為什麼辛勤勞作而沒有收穫，不明白為什麼有人不勞動卻收入頗豐。不理解有些人為什麼憑著三寸不爛之舌，一張厚臉皮就能橫行於天下。事實上你只看到了一面，當你依然如故地過著清苦、恬靜的生活時，昨日還是錦衣豪宅之人或許今朝已是階下之囚；先前還富甲一方之人，今天可能卻是一貧如洗。因此，當今社會的人們，一定要牢記：受寵於貴人，同時也在埋藏禍害。

評語

人生在世誰不想榮譽寵幸集於一身？誰又不想避辱驅害？有的人為追求恩寵榮譽，不擇手段，不惜損害他人之利益。這樣所得的並不是真正的榮寵，而是被社會和他人所唾棄的恥辱，就像故事中的董賢。

第 15 章

辱

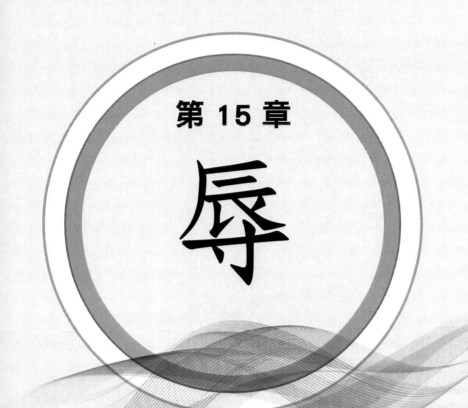

■ 原文

能忍辱者，必能立天下之事。

圯橋匍匐取履，而子房轀帝師之智；市人笑出胯下，而韓信負侯王之器。

死灰之溺，安同何羞；廁中之簀，終為應侯。蓋辱為伐病之毒藥，不瞑眩而曷瘳。

故為人結襪者延尉，唾面自乾者居相位。噫，可不忍歟！

■ 譯文

能夠忍受侮辱的人，一定能夠成就一番大事。張良在橋下爬著給老人拾鞋，後修得胸懷帝師的智慧；市井小人譏笑韓信從別人胯下爬過，其實他負有王侯將相的氣量。

《説苑．眾談篇》説：「能夠忍受恥辱的人會很安全，能夠忍受羞辱的人方能生存。」韓安國曾被人與不可復燃的死滅同等看待，可見他受到的侮辱到了什麼程度；儘管範睢曾被人裹在蓆子裡扔在廁所，可最後被封為應候。侮辱實在是給人驅疾病的毒性藥物，不使病人昏迷又怎麼能治好疾病呢？

所以，為別人繫上褲子的人當上延尉，心甘情願讓別人往自己臉上吐沫而讓它自己幹掉的人最後居於宰相之位。張良、韓信、韓安國從辱至榮的過程，正說明了忍常人之不可忍，終成大器。

■ 活學活用：能忍辱者，能立天下

凡事不可能是完全均衡的，每一個新生力量都有一個由弱到強的過程。當你處於創業之初，缺兵少糧的情況下，要能忍住急於求成的心理狀態。不可過度暴露自己，在別人將你忽略的情況下，藉著良好的外界條件，來壯大自己的力量，達到強大自己的目的。

如果你具有大將之才，自會有風光發達之時，而不要時時刻刻顯示自己的強大，事事要求別人聽從你的指揮，順從你的意志行事，你更應該注意保持和發展自己的優勢，盡一切可能掩飾表面的強壯，而達到真正的強大。

有一個賣場營業員，遇一個中年男子來退一台電鍋。那電鍋已經用得半新半舊了，他卻粗聲粗氣地說：「我用了一個多月就壞了，這是什麼鳥貨？你再給我換一台！」

營業員耐心解釋，他卻大吼大嚷，並滿口髒話說什麼「我來了你就得給退，光賣不退算個鳥！」

營業員雖然有理，但為了不使爭吵繼續下去，便溫和地對他說：「這種電鍋已經用一段時間了，又沒有質量問題，按規定是不能退的。可是你執意要退，那就乾脆賣給我好了。」

就在她掏錢的時候，那個粗暴的男顧客臉紅了，他終於停止了爭吵，悻悻然離去。

請牢記：忍一時風平浪靜，退一步海闊天空。面對蠻橫無理者，得理者若只用以惡制惡的方式，常常會大上其當。這時候，平息風波的較好方式，莫過於得理者勇敢地站出來，主動承擔責任，以自責的方式對抗惡人惡語，以柔克剛。

評語

人的一生總會遇上很多不順心的事，受辱也很平常。那麼怎樣對待受辱呢？以一種平靜的心態坦然對之，使汙辱你的人自討沒趣，用積極行動去洗刷你的恥辱。

第 16 章

安

■ 原文

宴安鴆毒，古人深戒；死於逸樂，又何足怪。

飽食無所用心，則寧免博弈之尤；逸居而無教，則又近於禽獸之憂。

故玄德涕流髀肉，知終老於斗蜀；士行日運百甓，習壯圖之筋力。

蓋太極動而生陽，人身以動為主。戶樞不蠹，流水不腐。噫，可不忍歟！

■ 譯文

過於追求安逸的生活，就像鴆酒一樣對人產生毒害，這是前人的告誡；安樂一定會導致死亡，這並沒有值得奇怪的！吃飽了飯卻不用一點心思，無事可做，這樣不行，就算是學學下棋也好啊；安逸地住著，卻沒有受到教育，這樣和禽獸有什麼兩樣。

所以，劉備因為腿上長了肥肉，而自己年事已高，卻又功業未建而淚流滿面；陶侃每天來回搬運一百個罈子，是為了鍛鍊自己的體力，恢復圖霸中原的精力。

太極運動能產生陽氣，人的身體應以運動為主。運轉的門軸絕不會被蟲蛀，流動的水也絕不會發臭。生命在於運動，成功在於勤奮，貪圖安逸享受，必將一事無成！

■ 活學活用：生於運動，死於安樂

運轉的門軸不會被蟲蛀，流動的水不會發臭。健康的生命關鍵在於運動，要想獲得成功，就要勤奮，一味追求安逸的生活，貪圖享受，終將一事無成。生活需要你十分勤奮，努力工作。

世上本沒有唾手可得的便宜，天上也不可能掉下來餡餅，勤奮工作才是成功的唯一出路。

從前，有一位老人，他有一座葡萄園。他辛勤地照料著這座葡萄園，每年都能收穫許多葡萄。

老人有三個兒子，卻懶得出奇，什麼農活都不願做。老人想到自己死後，這些懶兒子們該怎樣生活，心裡十分憂鬱。

老人臨終前，把自己的兒子們叫到床前，對他們說：「我把自己的全部財寶都埋在葡萄園裡了，你們自己去找吧。」

不久，老人就閉上眼睛去世了。兒子們到葡萄園裡拚命地挖呀，掘呀，把土地都細細地翻了一遍又一遍，卻始終沒有找到財寶。葡萄卻長得越來越好，結的果實也一年比一年多，就這樣，老人的兒子們變得越來越富裕。最後，他們才明白過來，私下說道：「真的，葡萄園裡確確實實埋著一筆巨大的財富哩！」

好逸惡勞是人性中一個致命的短處，在激烈的生存競爭中，這個短處對我們非常不利，沒有聽說過好逸惡勞者能在生存競爭中取勝的。

評語

　　人生在世，就要辛苦奔波啊！所有的好逸惡勞者都應謹記那位葡萄園老人的教誨，財寶珍藏在勞動的汗水裡。櫻桃好吃樹難栽，成功事業等不來。

第 17 章

危

■ 原文

圍棋制淝水之勝，單騎入回紇之軍。此宰相之雅量，非元帥之輕身。蓋安危未安，勝負未決，帳中倉皇，則麾下氣懾，正所以觀將相之事業。

浮海遇風，色不變於張融；亂兵掠射，容不動於庾公。蓋鯨濤澎湃，舟楫寄家；白刃蜂舞，節制誰從。正所以試天下之英雄。噫，可不忍歟！

■ 譯文

淝水之戰取得勝利時，謝安正與友人下圍棋；郭子儀曾單騎入回紇軍營，退其師，不戰而勝。這是宰相恢弘的氣度，而並不是元帥拿自己的生命在開玩笑。通常在安危還不曾明朗，勝敗還沒決定的時候，假如軍中主帥驚慌失措，那麼他的部下官兵也會氣餒。在這個時候，正好可以表現出將相的修養和造就。

在航海時遇到風暴，張融面不改色；在混亂中雙方相互攻擊，你砍我殺，庾亮的臉色一點都沒有改變。巨浪洶湧，寄身於船上；快刀亂砍沒人指揮，這時候正好可以考驗天下的英雄豪傑。危難之時，能考驗一個人的膽識、雅量與鎮定，而膽識、雅量、鎮定正是一個人成功應具備的性格基礎。

■ 活學活用：臨危不亂，宰相雅量

只有在危急關頭，方能考險一個人的膽識、雅量與鎮定，而膽識、雅量、鎮定是一個人成功的性格基礎。當你面對著泰山壓頂而處變不驚、鎮定自若的時候，你也就擁有了宰相的雅量。

人的一生，很多時候是按部就班地從事著自己的工作，並不會有太大的變故，但也會不可避免地遇到危險、緊急的情況。往往在這個時候，一個人如何行事，就能反應出他的為人，他的作風、品質的高低。面對危急關頭，突然發生的意外，我們該如何面對呢？

兩隻青蛙在覓食中，不小心掉進了路邊一瓶牛奶罐裡，牛奶罐裡還有為數不多的牛奶，但足以讓青蛙們體驗到什麼叫滅頂之災。

一隻青蛙想：完了，全完了，這麼高的一瓶牛奶罐啊，我是永遠也出不去了，於是，牠很快就沉了下去。

另一隻青蛙在看見同伴沉沒於牛奶中時，並沒有沮喪、放棄；而是不斷告誡自己：「上帝給了我堅強的意志和發達的肌肉，我一定能夠跳出去。」牠時時刻刻都在鼓起勇氣，鼓足力量，一次又一次奮起、跳躍——生命的力量與美展現在牠每一次搏擊與奮鬥裡。

不知過了多久，牠突然發現腳下黏稠的牛奶變得堅實起來。原來，牠的反覆踐踏和跳動，已經把液狀的牛奶變成了一塊奶酪！不懈地奮鬥和掙扎終於換來了自由的那一刻。牠從牛奶罐裡輕盈地跳了出來。

遇到災難，通權達變，頹勢也能轉化為優勢，就像從牛奶罐裡跳出來的那一隻青蛙。而那一隻沉沒的青蛙就永遠地留在了那塊奶酪裡，牠做夢都不會想到會有機會逃出險境。

評語

戰場上要沉著鎮定，才能取勝，日常生活中同樣如此，危急情況發生時，因為人們大多數沒有心理準備，所以通常會表現出一定程度的吃驚、恐慌，就像故事中那隻沉沒的青蛙。面對危急，先要沉著、鎮定、果敢，不為危難所嚇倒，而後才有走出危急的機會。

第 18 章

忠

■ 原文

事君盡忠，人臣大節；苟利社稷，死生不奪。
杲卿之罵祿山，痛不知於斷舌；張巡之守睢陽，烹不憐於愛妾。
養子環刃而辱罵，真卿誓死於希烈。
忠肝義膽，千古不滅。在地則為河岳，在天則為日月。
高爵重祿，世受國恩。一朝難作，賣國圖身。
何面目以對天地，終受罰於鬼神。昭昭信史，
書曰叛臣。噫，可不忍歟！

■ 譯文

侍奉君主應當盡心盡力，這是做臣子應有的大節。如果為國家和人民謀利，即使犧牲性命也在所不惜。顏杲卿曾痛罵安祿山，就算是割掉舌頭的痛苦也沒有阻止他的行為；張巡守衛睢陽沒有食物的時候，把愛妾煮給士兵吃而沒有流淚。

面對李希烈養子們的舉刀威脅和侮罵，顏真卿面不改色，對李希烈表示了誓死的決心。他的忠義氣節，永遠都不會消滅。蘇軾也曾說：「他們的赤膽忠心在天上就像日月一樣光芒四射，在地就像山岳一樣宏偉壯觀。

有人享受高官厚祿，世代受到國家的恩德，可一旦大禍

臨頭，為保全自己而出賣國家。這種人有什麼顏面來面對天地呢？他們最終是會受到鬼神懲罰的。難怪正史中都清清楚楚地記錄著叛臣的名字！所以，不管是遇到什麼困難，怎麼能動搖自己對君主對國家的赤膽忠心呢！

■ 活學活用：事君盡忠，人臣大節

孔子說：「做臣子的侍奉君主應該忠心」，如果為了一己私利，而背叛君主，出賣君主到頭來也不會有好下場。

在當今社會同樣如此，答應別人的事，一定要盡心盡力去做，而不要因為別的原因而搪塞，或是勉強去對待，那樣的行為絕不是君子所為。

世間再沒有可以跟古希臘民間傳說中的達蒙和皮斯亞斯之間真誠的友情相比的。皮斯亞斯由於反抗君主被判死罪，達蒙用生命作擔保使他能回家處理私事及與家人告別。但是，執行死刑的日子快到了，這時皮斯亞斯還沒有回來。君主嘲笑皮斯亞斯的忠誠，說達蒙是個傻子，把友情看得過重，白白為朋友灑熱血。君主還說如果達蒙能真正了解人的本性，他會明白現在皮斯亞斯早已逃之夭夭了。執行死刑的那一天，正當達蒙被押上刑場時，皮斯亞斯趕到了，他十分激動地衝上前去，上氣不接下氣地解釋自己遲到的原因。兩個朋友親切地互相問候，做了最後的告別，場面非常動人。

君主被他們的真摯友誼深深感動了，寬恕了皮斯亞斯，並帶著羨慕的口吻說：「為獲得這種友情，我甘願獻出我的王位。」

評語

一個人生活在這個世上，就必須承擔屬於他的責任，履行屬於他的義務。對家庭，對國家，對民族，對社會，對人類，你必須盡到責任和義務；對工作，對事業，對同事，對朋友，對子女，你必須盡到責任和義務。

第 19 章

孝

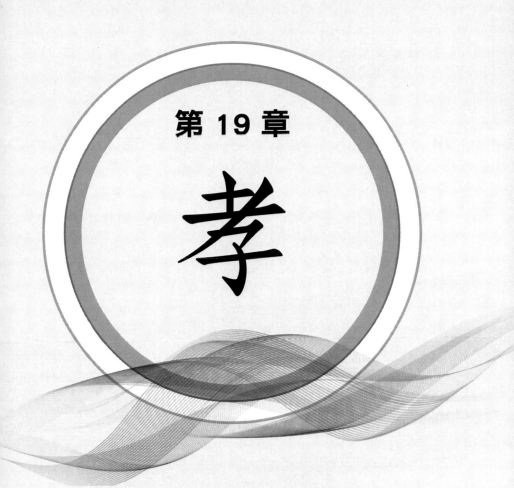

■ 原文

父母之恩與天地等。人子事親，存乎孝敬，怡聲下氣，昏定晨省。

難莫難於舜之為子，焚廩掩井，欲置之死，耕於歷山，號泣而已。

冤莫冤於申生伯奇，父信母讒，命不敢違。祭胡為而地墳，蜂胡為而在衣？

蓋事難事之父母，方見人子之純孝。愛惡不當疑，曲直何敢較？

為子不孝，厥罪非輕。國有刀鋸，天有雷霆。噫，可不忍歟！

■ 譯文

父母的養育之恩和天地一樣廣大;為人子女服侍父母時，要懷著孝敬之心。對父母要輕聲細語、悦耳動聽，晚上要將父母安置好，早上要向他們請安。

做兒子的再難也難不過舜，他的父母用火燒倉庫，用土填井，想把他置於死地，他在歷山耕田，也不過只是大聲啼哭罷了。

要說冤，再也沒有比申生和伯奇更冤的了，父親相信後母的壞語，他們又不敢違抗父命。晉獻公祭地，地為什麼會凹起來？毒蜂為什麼會綁在伯奇後母的衣服上？

只有侍奉最難侍候的父母，才能看得出做兒子的純潔之心。父母的愛惡不太妥當，就算是心中有疑問也不能計較！做兒子的不孝敬父母，這種罪可不輕啊。國家有刀鋸之刑，上天有雷霆之威。唉！父母的恩情深如大海，做孝子的怎麼能夠不忍受父母對自己的責難呢？

■ 活學活用：父母之恩，等同天地

為人子女，當孝敬父母，這是天經地義之事，不管你的父母是如何的難以服侍，你也要能忍其辱，挨其打，受其責難，毫無怨言，這才是真正的孝子。中華民族是一個倡導和傳頌以孝為先的民族，幾千年的歷史，上演了多少可歌可泣的仁義禮孝的故事。

在所有孝子當中最難為的莫過於虞舜了，他的父親很凶頑，母親嚚張，弟弟又相當傲慢，他們曾趁舜在倉廩塗泥時放火，在舜鑿井時填土，非要將他置於死地不可。父母如此不慈愛不明事理，可是舜在歷山耕種時還因不得意於父母而責怪自己，每天對著蒼天哭泣，情願承擔父母的罪行以盡孝道。

父母的愛惡對舜來說是不太妥當的，然而舜並沒有絲毫怨言，這是真正的大孝啊！

評語

我們有什麼理由不去感恩於生我、養我、育我的父母；有什麼理由不盡孝子之心？不是有首歌唱到：常回家看看，哪怕幫爸爸媽媽刷刷筷子洗洗碗。生活在外的人啊，一定要記住，常給父母打個電話，常回家看看，這是為人子女應該做的事情。

第 20 章

仁

■ 原文

仁者如射，不怨勝己；橫逆待我，自反而已。

夫子不切齒於桓魋之害，孟子不芥蒂於臧倉之毀。

人欲萬端，難滅天理。

彼以其暴，我以吾仁；齒剛易毀，舌柔獨存。

強怒而行，求仁莫近；克己為仁，請服斯訓。

噫，可不忍歟！

■ 譯文

有仁德的人就像射箭那樣，不應怪罪勝過自己的人；別人驕橫地待我，自我反思就行了。孔子不記恨桓魋對他的中傷，孟子對臧倉的詆毀沒有絲毫怨恨，他們認為在己者有義，在天者有命，一己私慾又怎麼能戰勝天理呢？

它靠它的財富，我靠我的仁德。牙齒再堅硬它可能毀壞，舌頭再柔軟也能得以保存。盡力去寬恕別人，這樣就離仁德很近了。

■ 活學活用：仁者如射，不怨勝己

宅心仁厚的人，面對勝過自己的對手，往往不會心生怨恨，就算是被別人粗暴的無禮對待，也能一笑置之。

石苞是西晉時期一位著名的將領。晉武帝司馬炎曾派他帶兵鎮守淮南，在他的管區內，兵強馬壯。當時，吳國還依然存在，也有一定的力量，他們常常伺機進攻晉朝。對石苞來說，他實際上擔負著守衛邊疆的重任。

在淮河以南擔任監軍的王深。他平時看不起貧寒出身的石苞，又聽到一首童謠說：「皇宮的大馬將變成驢，被大石頭壓得不能出。」石苞姓石，所以，王深就懷疑：這「石頭」就是指石苞。

於是他祕密地向晉武帝報告說：「石苞與吳國暗中勾結，想危害朝廷。」在此之前，風水先生也曾對武帝說：「東南方將有大兵造反。」等到王深的祕報送上去以後，武帝便真的懷疑起石苞來了。

王深的誣告，武帝的懷疑，對石苞來說，他一點也不知道，到了武帝派兵來討伐他時，他還莫名其妙。但他想：「自己對朝廷和國家一向忠心耿耿，坦蕩無私，怎麼會出現這種事情呢？這裡面一定有嚴重的誤會。」於是，他採納了部下孫的意見，放下身上的武器，步行出城，來到都亭住下來，等候處理。

武帝知道石苞的行動以後，頓時驚醒過來，他想：討伐石苞到底有什麼真憑實據呢？如果石苞真要反叛朝廷，他修築好了守城工事，怎麼不作任何反抗就親自出城接受處罰呢？再說，如果他真的勾結了敵人，怎麼沒有敵人前來幫助他呢？想到這些，晉武帝的懷疑一下打消了。後來，石苞回到朝廷，還受到晉武帝的優待。

俗話說：「腳正不怕鞋歪，身正不怕影斜。」石苞的故事告訴我們：在大是大非面前和緊急關頭，應該冷靜地對待和妥善地處理。對於自己所遇到的不平遭遇，要勇於忍受。不要因此而驚恐不安或是氣憤不已，輕舉妄動，那樣只能把事情搞得更糟。

評語

《說苑》中載有常樅和老子關於齒毀舌存的對話，說明性如剛硬的暴橫容易毀壞，而性如柔軟的仁義卻能長久保存，這是以柔克剛的道理。

第 21 章

義

■ 原文

義者，宜也。以之制事，義所當為，雖死不避；
義所當誅，雖親不庇；義所當舉，雖仇不棄。
李篤忘家以救張儉，祈奚忘怨而進解狐。
呂蒙不以鄉人干令而不戮，孔明不以愛客敗績而不誅。
叔向數叔魚之惡，實遺直也；石蠟行石厚之戮，其滅親乎？
當斷不斷，是為儒夫。勿行不義，勿殺不辜。噫，可不忍歟！

■ 譯文

義，也就是處理事情恰當準確。以它為準繩行事立身，是沒有錯的，就算是要犧牲性命也在所不惜。該處罰的，就算是親朋好友也不能包庇；該推薦提拔的，就算是仇家也不能故意發難。

李篤冒著家破人亡的危險救張儉，祈奚不計前嫌推薦解狐。呂蒙不因觸犯法令的人是同鄉而不斬，孔明不因敗績之人是自己愛將而不殺。

叔向多次責備叔魚的邪惡，實在是想留下正直人的名聲，石碏殺掉了兒子石厚，這樣的行為應該説是大義滅親吧？

該做決定的時候，猶豫不決，那是一種懦弱的行為。不要做不道義的事情，不要殺無辜之人。捨身取義，大義滅親，是大家所推薦的，為了義，又怎麼能夠不忍住自己的私情呢？

■ 活學活用：捨身取義，大義滅親

做人應該深明大義，為了正義就算是犧牲性命也應該在所不惜，為了維護國法，保全正義，就算是給親人帶來災難，也要能公正對之，而不能存有絲毫包庇之心。如果你周圍的人能對國家有所貢獻，就算是你的生死仇敵你也應該奮力推薦，這才是真正深明大義者之所為。

晉景公寵用佞臣司寇屠岸賈，整天遊獵飲酒，不理朝政。這時梁山突然無故崩塌，屠岸賈乘機誣陷相國趙朔，晉景公就派屠岸賈率兵前去誅殺趙朔。趙朔全家除妻子和未出生的兒子趙武藏於宮中沒有遇害外，一百多人全都被釘死。

程嬰受趙朔臨終之託扶養趙武，後趙武在宮中順利產下，可是處境非常危險。面對這樣的情景，程嬰和趙朔生前另一個家臣公孫杵臼商量，為救趙武決定訂下調虎離山之計。

一天程嬰去告發公孫杵臼，說自己一起和公孫杵臼替趙朔撫養趙武，因怕公孫杵臼告發自己而招滅家之禍。所以先來告發，並帶領屠岸賈找到杵臼的藏身之地。面對出現在眼前的的士兵，公孫杵臼假裝很害怕轉身就跑。而程嬰又不失時機地高喊：「你跑不了啦，司寇已經知道趙氏孤兒藏在這裡，你趕快交出來吧！士兵一擁而上把杵臼捆邦起來。

屠岸賈質問杵臼：「趙武在哪裡？」杵臼面無懼色說：「這裡沒有趙武。」屠岸賈命士兵搜查房間，結果找到一個穿著完全像權貴人家的嬰兒，杵臼一見嬰兒被找到，就奮力來奪，但被士兵死命抓住不能脫身。杵臼大罵道：「程嬰你這個卑鄙小人，有負主人之託，看你死後有什麼面目去見主子。」程嬰被公孫杵臼罵得無地自容，就請求殺死杵臼。屠岸賈命士兵殺死了杵臼，接著把孩子也摔死了。面對著朋友和親生兒子的被殺，程嬰心如刀割。原來剛被屠岸賈摔死的孩子是自己的親生孩子。目的是為了引屠岸出城而救趙武。

屠岸賈離開都城後，對晉宮監視就放鬆了，加上又找到了趙氏的孤兒，就更鬆懈了對出入宮廷人員的盤查，一向與趙朔很友好的大夫韓厥乘機派心腹人員，假扮醫生進宮給莊姬治病，把趙武藏在藥箱裡帶出晉宮，藏在韓厥家中。程嬰隨同屠岸賈回到都城後，不願領取千金之賞，也不願做屠岸賈給他的官，悄悄地抱著趙武逃到盂山深處養育。

程嬰拋棄家庭，背負著千百萬人的誤解、唾罵，親自耕作，教趙武學習文化知識，歷盡了千辛萬苦。經過十五年的艱苦歷程，終於把趙武養育成人。晉悼公執政為趙氏平了反，誅殺了屠岸賈等人，任命十五歲的趙武為司寇，嘉獎了程嬰、杵臼的忠貞。當然，當今社會並不需要你像故事中的杵臼、程嬰這樣的做法，我們更提倡知人善用和忠誠於上司。

評語

道義是修身處世的行為準則，大家都極為推崇合乎道義的行為；面對義時，自己的私情又算得了什麼呢？

第 22 章

禮

■ 原文

天理之節文，人心之檢制。出門如見大賓，使民如承大祭。

當以敬為主，非一朝之可廢。

鉏麑於宣子之恭敬，漢兵弭於魯城之守禮。

郭泰識茅容於避雨之時，晉臣知冀缺於耕饁之際。

季路結纓於垂死，曾子易簀於將斃。噫，可不忍歟！

■ 譯文

禮是根據上天的意志所擬制的一些行為規範，也是對人們行為一種制約束縛。出門時就要像迎接地位高的長者，用民時就要像親臨重要的祭祀。一定要以恭敬作為基本準則，這也不是一朝一夕就能廢除的。鉏麑因宣子的恭敬而嘆服了他；漢軍因魯城守禮而停止了攻打。

郭泰在躲雨的時候結識了有德的茅容，臼季途經冀地在田間發現了冀缺的道德。子路在臨死時候都不忘繫好帽帶，曾子將身下的蓆子抽掉才安心地辭世。他們都是沒有忘記禮教啊！他們對禮的恪守足以垂教後世！

■ 活學活用：天理節文，人心檢制

古時候的禮節是根據上天的意志來制定的，目的在於制約人的心性，使其不隨心所欲。萬事禮為先，禮也就被歷代所推崇，禮之所以能代代相傳，是因為禮能驅走邪惡，禮能使人變得高尚。

一天，一個脾氣暴躁的年輕人來到大德寺，找一休和尚。他對著一休和尚說：「禪師，我下定決心，從今天開始，絕不跟任何人吵架或打架。就算有人向我吐痰，我會默默地把它擦掉，絕不揍那個人。」一休和尚說：「不，不，別人向你吐了痰，你可別擦掉，任它在身上自乾好了。」

年輕人有點不服氣：「這，未免太強人所難了，讓吐到身上的痰自乾，我的耐心可沒那麼大啊。」一休和尚勸說：「這有什麼難？你不跟他發生任何糾紛，他卻向你吐痰，這種人簡直就是一隻蒼蠅。給類似蒼蠅的人吐了痰，對你絕不造成什麼恥辱，何必為它而大怒？你不但不要發脾氣，大可嘲笑他呀。」

年輕人還是一肚子疑問：「那，要是有人揮拳揍我呢？」一休和尚答說：「以同樣的態度對付他。」話剛說完，年輕人就握緊拳頭，朝著一休和尚光禿禿的頭，猛然打了一拳。他瞪著一休和尚，問說：「怎麼樣？我這樣揍您，難道您不生氣？」一休和尚若無其事地笑了笑，說：「哈，我的頭硬如石頭，你那麼用力一揍，恐怕傷了手了吧？痛不痛呀？」

年輕人見他不惱不怒，態度從容，一時竟說不出話來。

此例只不過是因為禮教而使人改變心性的例子，自古聖人更是講求禮教的典範。子路和曾子臨死時仍不忘禮教，譜寫了一曲千古絕唱。

評語

禮義廉恥，禮位居其首，沒有禮節的人，很難在當今社會立身處世。

第 23 章

智

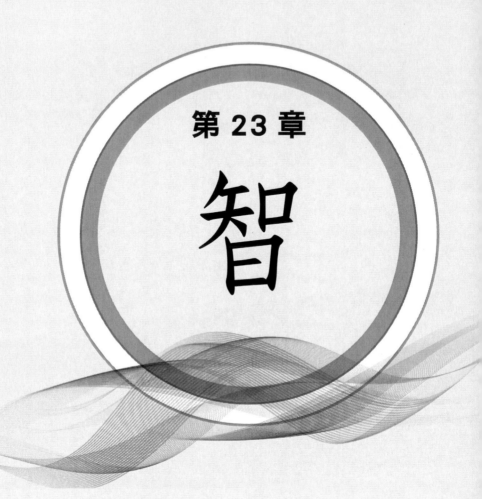

■ 原文

樗里子、晁錯俱稱智囊，一以滑稽而全，一以直義而亡。

蓋人之不可智用之，過則怨集而禍至。故寧武之智，仲尼稱美；智不如葵，鮑莊斷趾。

士會以三掩人於朝，而杖其子；聞一知十之顏回，隱於如愚而不試。噫，可不忍歟！

■ 譯文

樗里子、晁錯都被人稱譽為「智囊」，前者因善於掩飾自己的聰明才智，而得以保全性命並得到善終；後者因性情耿直、仗義直言而被腰斬於市。

人不能沒有智謀，但凡事都施用智謀，則會引起很多人的抱怨，而招致災禍。所以孔子稱讚寧俞善用智謀，而認為被砍斷了腳的鮑莊智慧還不如秋葵。

士會用杖打其子，是因為他才疏學淺卻炫耀於朝廷；顏回能聞一知十、舉一反三，可是表面上看起來卻很拙笨。有智慧的人還要善於運用自己的智慧，做到大智若愚，才能不斷地增長智慧。

活學活用：大智若愚，大巧若拙

人不能沒有智慧，但也不能因為有點智慧就滿世界張揚，處處用盡心機。真正的智者，往往大智若愚，外表看起來平平常常，和普通人沒什麼兩樣，其實，其內心卻充滿智慧。這樣的智者往往能在你爭我鬥的社會中無所約束地生存，在該糊塗的時候，比愚者更愚，該明白事理的時候，心靈清澈。

唐初重臣李渤，本是李密的部下。而在當初起兵時，李密與李淵父子之間，是勾心鬥角的兩部，只是李密後來被王世充打敗，他才隨故主投於李淵父子的麾下。此時天下大勢已趨明朗，李渤懂得只有取得李淵父子的絕對信任才有前途。於是他安排了這樣的行動：把他「東至於海，南至於江，西至汝州，北至魏郡」的所據郡縣地理人口圖派人送到關中，當著李淵的面獻給李密。說既然李密已決心投降，那我所據有的土地人口就應隨主人歸降，由主人獻出去，否則自獻就是自為己功、以邀富貴而屬「利主之敗」的不道德行為。李淵在一旁聽了，十分的感慨，認為李渤能如此盡忠故主，必是一個忠臣。

李渤效歸唐後，很快得到了李淵的重用，但是李密降後心懷怨恨，不久竟又反唐，事未果而「伏誅」。按理說，一般的人到了這個時候，避嫌猶恐過晚，但李渤卻公然上書，奏請由他去收葬李密。表面看這似乎有礙於唐天子的面子，是李渤的一種愚忠，實際李渤早已料到這一舉動將收到以前奉獻土地跟人口同樣的神效。果然「朝野義之」，公推他是仁至義盡的君子。從此李渤更得朝野推重，恩及三世。李渤採取的是一種「負負得正」的心理效應，迎合了人們一般不信任直接對己的甜言蜜語，而相信一個人與他人相處時表現出來的品質，即側面觀察的結果。尤其是迎合了人們一般普遍地喜愛那脫離於常人最易表現的忘恩負義、趨吉避凶、奸詐妄為的人性弱點，表現出來的是具有丈夫氣概的認同心理，看似直接，實則大有深意，是「藏巧於拙」成功處世的典型。

評語

有一句名言：取象於錢，外圓內方。古錢幣的圓形方孔，大家都是知道的。為人處事，就要像錢幣一樣，「邊緣」要圓活，要能隨機而變，但「內心」要守得住，有自己的目的和原則。處世不必與俗同，亦不宜與俗異，做事不必令人喜，亦不可令人憎，這樣既可以保全氣節，也可以保護自己。

第 24 章

信

■ 原文

自古皆有死，民無信而不立。尾生以死信而得名，解楊以承信而釋劫。

范張不爽約於雞黍，魏侯不失信於田獵。

世有薄俗，口是心非。頰舌自動，肝膈不知。取怨之道，種禍之基。誑楚六里，勿效張儀；朝濟夕版，曲在晉師。噫，可不忍歟！

■ 譯文

自古以來，人都會死，這是一個自然規律，如果失信於民，就不能保全統治。尾生因守信的行為而使他揚名後世，解楊也因為履行承諾而獲得釋放。

范式、張邵沒有違背告別時的歡飲之約，魏文侯不因為行酒和下雨的緣故而失信於虞人的狩獵之約。

世間有輕薄的風俗，也有一些口是心非、說話不算數的人；言不由衷，不守信用，往往是招致怨恨的原因，因此這些人很容易受到別人的厭惡甚至招致禍害。不要學張儀，誑騙楚國，把割地六百里的諾言改口為六里。晉國早上還受到秦國的照顧，晚上即遭其攻擊，是咎由自取。唉！有信方能立身，有信才能立國，怎能不忍住對「信」的動搖之心呢？

■ 活學活用：以信立身，誠信立國

古往今來，社會上總會有一種輕薄風氣，往往口是心非、信口開河而不負責任。這樣的行為勢必會招來怨恨，埋下禍根。為人應該以信立身，以信立國，用誠信和周圍的人相交，這樣你才能換來同樣的信任而免遭猜測和禍害。

老鎖匠一生修鎖無數，技藝高超，為了不讓他的技藝失傳，人們幫他物色徒弟。最後老鎖匠挑中了兩個年輕人，準備將一身技藝傳給他們。

一段時間以後，兩個年輕人都學會了不少東西。但兩個人中只有一個能得到真傳，老鎖匠決定對他們進行一次考試。

老鎖匠準備了兩個保險櫃，分別放在兩個房間，讓兩個徒弟去打開，誰花的時間短誰就是勝者。結果大徒弟只用了不到十分鐘就打開了保險櫃，而二徒弟卻用了半個小時，眾人都以為大徒弟必勝無疑。老鎖匠問大徒弟：「保險櫃裡有什麼？」大徒弟眼中放出了光亮：「師傅，裡面有很多錢，全是大鈔。」問二徒弟同樣的問題，二徒弟支吾了半天說：「師傅，我沒看見裡面有什麼，您只讓我打開鎖，我就打開了鎖。」

老鎖匠十分高興，鄭重宣布二徒弟為他的正式接班人。大徒弟不服，眾人不解，老鎖匠微微一笑說：「不管做什麼行業都要講一個『信』字，尤其是我們這一行，要有更高的職業道德。我收徒弟是要把他培養成一個高超的鎖匠，他必須做到心中只有鎖而無其他，對錢財視而不見。否則，心有私念，稍有貪心，登門入室或打開保險櫃取錢易如反掌，最終只能害人害己。我們修鎖的人，每個人心上都要有一把不能打開的鎖。」

人以信為本，二徒弟因為信而擊敗了大師兄，這同樣是人品的勝利。

評語

誠信乃世間之珍寶，人無信不立！以信立身，以信立國，只有信才可以在人與人之間架起橋梁，進行溝通。

第 25 章

喜

■ 原文

喜於問一得之，子禽見錄於魯論；喜於乘桴浮海，子路見誚於孔門。

三仕無喜，長者子文；沾沾自喜，為竇王孫。

捷至而喜，窺安石公輔之器；捧檄而喜，知毛義養親之志。

故量有淺深，氣有盈縮；易淺易盈，小人之腹。噫，可不忍歟！

■ 譯文

陳元高興於提出一個問題而獲得三個答案，也因此而被記錄於《論語》之上；子路欣喜於孔子出海漂游的假托之辭，因此而受到孔子的責備。

楚國的子文三次官至令伊而不喜形於色，被稱為心胸寬廣的長者；竇嬰沾沾自喜於富貴之中，終未受到重用。聽到捷報傳來卻不動聲色，謝安確實有公輔的氣度；接到委任狀的毛義非常高興，可見其奉養母親的心志。

所以度量有深淺之分，志氣有長短之別。氣量淺的小人，則往往易滿足於虛榮。人的氣量有深淺，志氣有大小，子文、謝安、毛義的欣喜和竇嬰、子路的沾沾自喜是不能相提並論的。前者含蓄大量，是君子的品格；而後者的見識短小、心胸狹隘、易於滿足，這樣的人是小人。

■ 活學活用：易淺易盈，小人之腹

人的度量有深有淺，君子往往為人含蓄、寬容，心胸寬廣，而小人的胸懷往往是氣量偏狹、猖狂易足、見識短淺，小有成就就會沾沾自喜。

生活中也有很多像夜郎國國王那樣的人，他們以井蛙之見看世界之大。有一點點本事，就見識淺薄、胸襟狹窄、以為天下唯我獨尊，結果便鬧出許多笑話來，讓人哭笑不得。三國時的禰衡就因為有一點文才，恃才傲物而丟了性命。

禰衡年少才高，目空一世。建安初年，二十出頭的禰衡初遊許昌。當時許昌是漢王朝的都城，名流雲集，司馬朗、尚書令荀彧、蕩寇將軍趙稚長等人都是當世名士。

有人勸禰衡結交陳群、司馬朗。禰衡說：「我怎能跟殺豬、賣酒的在一起。」勸他參拜荀彧、趙稚長，他回答道：「荀某白長一副好相貌，如果弔喪，可借他的面孔用一下；趙某是酒囊飯袋，只好叫他看守廚房。」這位才子唯獨與少府孔融、主薄楊修意氣相投，對人說：「孔文舉是我大兒，楊德祖是我小兒，其餘碌碌之輩，不值一提。」由此可見他何等狂傲。

獻帝初年間，孔融上書薦舉禰衡，大將軍曹操才有召見之意。禰衡看不起曹操，抱病不往，還口出不遜之言。曹操求才心切，為了收買人心，還是給他封了個擊鼓小吏的官，藉以羞辱他。一天，曹操大會賓客，命禰衡穿戴鼓吏衣帽當眾擊鼓為樂，禰衡竟在大庭廣眾之中脫光衣服，赤身露體，使賓主討了場沒趣。

曹操恨禰衡入骨，但又不願因殺他而壞了自己的名聲。心想像禰衡這樣狂妄的人，遲早會惹來殺身之禍。便把禰衡送給荊州牧劉表。禰衡替劉表掌管文書，頗為賣力，但不久便因倔傲無禮而得罪眾人。劉表也聰明，把他打發到江夏太守黃祖那裡去。禰衡為黃祖掌書記，起初做得也不錯，後來黃祖在戰船上設宴，禰衡說話無禮受到黃祖喝斥，禰衡竟頂嘴罵道：「死老頭，你少囉嗦。」黃祖急性子，盛怒之下把他殺了。其時，禰衡僅二十六歲。

禰衡文才頗高，桀傲不馴，本有一技之長，受人尊重，但他自恃一點文墨才氣而輕看天下。殊不知，一介文人，在亂世並沒有什麼了不起，賞則如寶，不賞則如敗履，不足左右他人。禰衡似乎不知道這些，他孤身居於虎狼群中，不知自保，反而放浪形骸，無端衝撞權勢人物，最後因狂縱而被人宰殺。

評語

有些人容易犯「井底之蛙症候群。」在他們眼裡只有頭頂上那一小方天空，而那天空之下最偉大者，莫過於自己了。於是，便志得意滿，鼓腹而鳴，唯我獨尊，其結果是可笑可悲的。天外有天，人外有人，任何人都不應自滿自傲。不知道自己的根底便自吹自擂，是很容易引起世人反感的，碰上那手握重權的統治者，一語不慎，還會惹來殺頭之禍，弄不好殃及家人。所以，做人定要有自知之明與知人之明，切莫夜郎自大。因不知道深淺進退，夜郎自大而引禍及身，實不為明智的行為。

第 26 章

怒

■ 原文

怒為東方之情而行陰賊之氣，裂人心之大和，激事物之乖異，若火焰之不撲，期燎原之可畏。

大則為兵為刑，小則以鬥以爭。太宗不能忍於蘊古、祖尚之戮，高祖乃能忍於假王之請、桀紂之稱。

呂氏幾不忍於嫚書之罵，調樊噲十萬之橫行。故上怒而殘下，下怒而犯上。怒於國則干戈日侵，怒於家則長幼道喪。

所以聖人有忿思難之誡，靖節有徒自傷之勸。唯逆來而順受，滿天下而無怨。

噫，可不忍歟！

■ 譯文

怒是屬於東方的習性，怒極了就會做出陰險之事。怒氣過剩就會敗壞內心的和氣，激化事物不和諧的一面；假如怒火不能撲滅，其產生的後果是令人恐懼的。

大的怒氣會產生衝突引起戰爭，小的怒氣也會引發糾紛導致鬥爭不已。唐太宗不能止怒而斬殺了張蘊古和盧祖尚，漢高祖則能息怒而滿足韓信的假王之情，並容忍了蕭何稱其為桀紂的批評。

呂后因不堪忍受單於的書信侮辱，而險些同意樊噲率十萬兵馬攻打匈奴的貿然行動。如果位居高位之人，不能止怒則一定會殘害下面的人；下面的人要是無法息怒則一定會衝撞上位之人。國家之間一旦產生怒氣就會發生戰爭，家庭內部一旦動怒則會喪失倫理道德。

所以孔子有「忿思難」的告誡，陶潛有「徒自傷」的規勸。只有逆來順受，才能走遍天下而不受怨恨。

■ 活學活用：逆來順受，天下無怨

大凡人都會有喜悅和憤怒，這是人的性情，但是喜怒需要適可而止。大喜過後往往是大悲，在怨恨過後往往是記恨和不可挽回的災難。逆來順受就是對惡劣的環境和粗暴的行為以順從、忍受。

事實上，在這個優勝劣敗的社會裡，一個人是不應該一味屈從順受的，但是為了避免和強權、霸道發生衝突而忍氣吞聲是必須的、明智的舉措。當你位居高位之時，則更應該控制住心中的怒火，而不應犯下不可挽回的錯誤。

一個人痛苦的原因是：世上本無事，庸人自擾之。你的心情就來源於你給予這個事件的意義，而非事件本身。

有一個人經常愛發脾氣，稍微有些不如意的事，就能讓他火冒三丈，暴跳如雷，別人都不願意和他交往。後來他覺察出易怒的壞處，決心要改正它。於是仔細檢討自己發怒的原因，覺得每次發怒都是由於別人的言談行為不合自己意願引起的。因此，為了避免自己發怒，提高自己的修養，他一個人跑到一個遠離人群的深山隱居起來，天天在那裡修身養性。

有一天，他拿著一個陶罐去河邊打水，剛走兩步，腳下絆了一下，一罐剛打滿的水就灑了。他只好再返回裝滿。但剛走到半路，一不小心，又把罐裡的水灑了。到他第三次提完水回去的時候，同樣的事又發生了。他一氣之下，把陶罐使勁地摔到地上。

「砰」地一聲響，讓他一下子恍然大悟。他望著滿地的碎片，自責地說：「我以為以前發怒都是別人引起的。但現在就我一個人，我還有這麼大脾氣，可見怒氣是從自己心中生出來的啊！」

評語

別人不可能惹你生氣，生氣的根源在於你自己，就像故事中的人一樣無知。憤怒會給雙方都帶來傷害。當你發火的時候，一定要慎重地考慮一下後果，一場暴怒可能會給你帶來長期的傷害。

第 27 章

疾

■ 原文

六氣之淫，是生六疾。慎於未萌，乃真藥石。

曾調攝之不謹，致寒暑之為釁。藥治之而反疑，巫眩之而深信。

卒陷枉死之愚，自背聖賢之訓。

故有病則學乖崖移心之法，未病則守嵇康養生之論。

勿待二豎之膏肓，當思愛我之疾疢。噫，可不忍歟！

■ 譯文

陰、陽、風、雨、晦、照六氣過分了就會產生疾病。在沒生病時就謹慎預防，這是治病的最好良藥。

如果衣食調理不當，就會遭遇風寒暑熱的侵入而產生疾病。有病就應該及時治療，可是愚昧的人不相信醫藥卻迷信巫術，結果耽誤治病，枉送性命，實在是背離了聖賢的教誨。

所以，有病的時候要採用在病中轉移心思，靜下心來那麼病就會好起來。沒病的時候信守嵇康的修心養生之道。

切勿等到病入膏肓再求醫，應當重視治病的苦口良藥。疾病尚有藥石可治，心疾就只有依靠自己了。

■ 活學活用：病入膏肓，愛我疾疢

人一生下來，總是有疾病伴隨著，你有一刻的疏忽和不小心，疾病就會乘虛而入，而這往往是成大業者所最擔心的。身體是本錢，你有滿腔熱血，一身抱負，可如果被疾病所拖累，那也只能是無所作為。因此，想成就一番偉業，先要有好的身體。

良好的身體往往包括兩個方面：一是肌體健壯，這就需要平時多注意鍛鍊，在沒生病之前注意預防；二是心理健康，生活中有許多人每天緊張地工作，來自社會、家庭等各方面的壓力讓他們呼吸困難、倍感疲憊。面對此情此景，則更需要積極的心態。

不難發現，大凡有病之人，往往能拖則拖，總認為自己沒病；有病也認為甚是輕微，於是不加理會，更是難以引起重視，日子久遠之後，由小疾而形成頑疾，最終無藥可醫，此時才後悔不已。

春秋時期，晉國的諸侯景公生了病，向秦國求醫。秦派了一個叫緩的醫生去治病，緩未到時，景公夢見他的疾病是兩個小鬼搗的亂。

一個小鬼說：「那個人醫術高明，恐怕要傷害我們。趕快逃跑吧。」另一個說：「我們居住在肓的上面，膏的下面，他能把我怎麼樣？」醫生到達，檢查後說：「病不能治了。病在肓的上面，膏的下面。治療無效，針灸發揮不了作用，藥力也發揮不出來；病不能治了。」景公說：「您真是高明的醫生。」送了一份厚禮給他，並送他回去。景公不久也就死了。

鞠躬盡瘁，死而後已的敬業精神，固然值得我們景仰。但是，如果只顧拚命工作而賠上了自己的健康，生命中的光和熱還沒有全部發揮出來就過早離開人世，就有點得不償失了。

評語

人生存在世間，健康是第一位的。保住身體的健康，你才有資格談將來。隨著生活節奏的加快，以身體和生命賭明天的人越來越多。殊不知，疾病來時，總是悄無聲息。

第 28 章

變

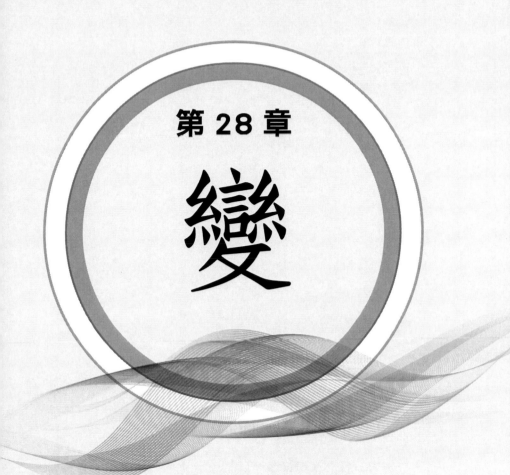

■ 原文

志不慑者，得於預備；膽易奪者，驚於猝至。

勇者能搏猛獸，遇蜂蠆而卻走；怒者能破和璧，聞釜破而失色。

桓溫一來，坦之手板顛倒；爰有謝安，從容與之談笑。

郭晞一動，孝德徬徨無措；亦有秀實，單騎入其部伍。

中書失印，裴度端坐；三軍山呼，張泳下馬。噫，可不忍歟！

■ 譯文

做什麼事情都不會被突發的事故所嚇倒，得益於事先有充分的準備。意志不堅定，膽量不夠且毫無準備的人，在突然發生的變故前只會手足無措。

勇者因為有思想準備，所以與猛獸搏鬥時毫無懼色，但是與突然而至的蜂蠍相遇時只能倉皇逃跑；憤怒時與和氏璧共存亡的人，卻也吃驚於鐵鍋被打破。

桓溫帶兵「朝見」皇帝，王坦之嚇得連奏摺都拿顛倒了，而謝安卻泰然處之，與其開懷暢談。郭晞仗勢欺人，白孝德敢怒不敢言，而段秀實卻無所畏懼，獨自一人去見郭晞，勸其棄惡從善。

中書省丟失官印，裴度鎮靜自若；三軍高呼起鬨，張泳面無懼色。面對變故，需要有足夠的勇氣，聰明的智慧，沉著的心態去應對，否則就會手忙腳亂。唉！當意外變故來臨時，怎能不抑制住心中的膽怯和驚慌呢？

■ 活學活用：勇氣智慧，應變良策

一個人有所準備，往往就不會輕易地被征服，而一下子被嚇破膽者大都是因毫無準備所致。在這個複雜的世界，你不可能對每一件事情都有所防備，甚至於你根本就無法預測到會發生什麼，所以防備也就無從談起。面對隨時發生的變故，勇氣和智慧是應變的良策。

智者往往能根據不同情況作出不同應變，不拘泥於成規。靈活的變通，運用自己的智慧，跳出思維方法的固定模式，充分發揮人的主觀能動性，全方位地看問題，而不為突發的事變所震懾。

有一次，中國駐美國紐約總領事離職回國，紐約市商會為總領事設宴餞行，美國漢學家夏德應約擔任了那位總領事臨別緻辭的翻譯。在紐約商會和中國領事館看來，讓夏德先生擔當此任實在是再恰當不過的。

但是當這位總領事起立致辭時，夏德教授卻驚慌失措了，因為總領事說的是福州話，他一句也聽不懂；事到臨頭，他當然不能向商會當局臨時解釋說中國方言太多，他根本聽不懂福州話。在一瞬間的侷促不安之後，教授情急生智，他竭力做出洗耳恭聽的樣子，不僅默不作聲，而且大做筆記。當領事演說完畢之後，只見夏氏從容起立，用英語為總領事重新演說一番，一開頭他便說，我（總領事）這次離紐約返國，內心充滿了一喜一悲的矛盾。喜的是即將重返祖國與親朋久別重聚，悲的是與紐約新交舊識再次握別……夏氏如此這般即興發揮，說得情文並茂。當夏的「翻譯」演說結束的時候，全場熱情洋溢，掌聲如雷。

評語

事物都在運動，這是眾所周知的規律。運動自然包含變化，變化就得有講究、有方式。

第 29 章

侮

■ 原文

富侮貧，貴侮賤，強侮弱，惡侮善，
壯侮老，勇侮懦，邪侮正，
衆侮寡，世之常情，人之通患。
識盛衰之有時，則不敢行侮以賈怨；
知彼我之不敵，則不敢抗侮而構難。
湯事葛，文王事昆夷，是謂忍侮於小。
太王事匈奴，句踐事吳，是謂忍侮於大。
忍侮於大者無憂，忍侮於小者不敗。
當屏氣於侵殺，無動色於睚眦。噫，可不忍歟！

■ 譯文

富有者欺壓貧窮者，有官得勢者欺侮無官失勢者，有力氣的人欺侮沒力氣的人，凶狠之徒欺侮弱小之輩，年輕人欺侮老年人，有勇氣的人欺侮懦弱之人，狡猾之人欺侮正義之人，多數欺侮少數，這是人世間的常情，人的通病。然而，如果認識到事物均有盛衰交替，那麼就不會輕易欺侮別人，而招來怨恨和禍害；當身處弱勢時，不去對抗無知狂妄之徒的欺侮，就能避免反抗所帶來的災禍。

商湯感化好事的葛國，周文王誠服作亂的昆夷，是忍侮於比自己強大的對手，不會招來災害；忍侮於比自己弱小的對手不會失敗。面對侵奪應不急躁，面對冷眼應不動聲色。以德報德，是一個君子應該做的；以怨報德，是小人的行為；以怨報怨是愚者的做法；以德報怨，才是仁者的所為。面對各種欺侮，我們必須明白一條：審時度勢，保存實力，以圖將來。

■ 活學活用：審時度勢，建功立業

我們不難發現，社會總是存在恃強凌弱的現象，這似乎是恆古不變的定律。但是如果仔細想想，要是能想到強弱會有所轉化的時候，你也許就不會再恃強凌弱了。

命運的客觀性決定命運在特定時空是難以改變的。當一個人身遭厄運，特別是在客觀勢力強大，個人能力顯得極為渺小的時候，對命運抗爭的最佳選擇就是從容等待。這種從容等待表面看是卑瑣的、懦弱的，但卻是把硬碰硬的正面衝突轉換成了以柔克剛、以韌對強的策略。這樣就可以不顯山不露水、保存實力，以求東山再起，一旦時機成熟，便如餓虎撲食，打碎厄運，擺脫困境。即使陷入無妄之災，也要不失矢志，相信命運之神不會總是一副悲劇面孔。物極必反，千年沉冤可以昭雪，十年厄運不算無望。在厄運之中完全可以採取迂迴曲折另求生路的策略。

越王句踐被吳國俘虜的時候，可以說是吃盡了苦頭。回到越國，他沒有享受錦衣玉食，而是和全國百姓一起忍饑耐勞，似乎忘記了自己的王位。

最後，這個忍耐了一番困苦的人，終於打敗了吳國，取得了最後的勝利，在歷史上也留下了傳世美名。

評語

人生在世，難免會遭受別人欺侮，面對各種意想不到的欺侮、非難，心中怒火中燒，可又無力回天，怎麼辦？只能忍！忍得一時之氣，方能百日無憂！

第 30 章

謗

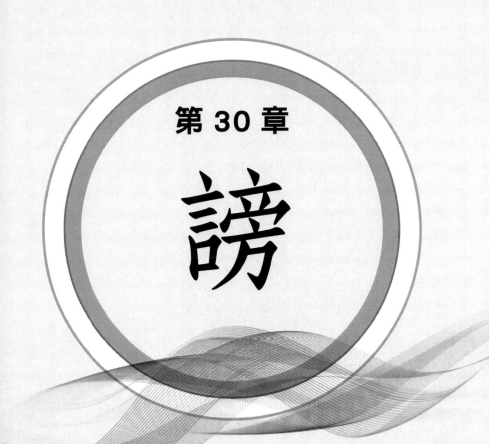

■ 原文

謗生於讎，亦生於忌。

求孔子於武叔之咳唾，則孔子非聖人；

問孟軻於臧倉之齒頰，則孟子非仁義。

黃金，王吉之衣囊；明珠，馬援之薏薏。

以盜嫂汙無兄之人，以笞舅誣娶孤女之士。

彼何人斯，面人心狗。荊棘滿懷，毒蛇出口。

投畀豹虎，豹虎不受。人禍天刑，彼將自取。

我無愧怍，何慊之有。噫，可不忍歟！

■ 譯文

誹謗生於仇恨，也產生於忌妒。如果去問武叔有關孔子的為人，則孔子不是聖人；假如問藏倉有關孟軻的言行，則孟子不行仁義。

把王吉的衣服說成是黃金，將馬援的薏薏的果實說成是明珠。說與嫂子通姦汙衊連兄長都沒有的人，用打岳父的罪名誣陷娶孤女的士人，這是什麼樣的人啊！

人面獸心，滿腹詭計，口出惡言。就算是扔給豹虎，連豹虎都不肯吃。作惡的人一定會受到老天的懲罰。只要自己沒做虧心事，就無愧於天地。上不負天，下不負人，那麼就會心胸坦蕩，還有什麼可遺憾的呢？！

■ 活學活用：謗生於仇，亦生於忌

誹謗的產生，往往是生於仇恨或是出於忌妒。搬弄是非，人面獸心，滿腹詭計，口出惡言的人，往往不得善終。面對別人的誹謗，我們只要問心不愧，就沒有什麼爭論的必要。上不負天，下不負人，心裡坦坦蕩蕩，也就沒什麼可遺憾的。

有時也應看到無風不起浪，誹謗自己的人固然可恨，但自己的行為，是否也有過失和不足之處呢？對於別有用心的攻擊，置之不理，讓它不攻自破，但要是對自身存在的問題進行批評、指正，就要從中吸取教訓。

李某和張某是大學同學，畢業後又同在一家公司任職。李某工於心計，善於鑽營，有了好事往自己身上拉，出了岔子便往張某身上推。張某老實本分，勤懇踏實地幹著自己的工作，有了成績便強調是上司的支持、同事的合作，出了差錯則勇於承擔責任。先前的公司主管明察秋毫，提拔張某當了部門經理，把李某嫉妒得咬牙切齒。後來換了一位公司主管，李某乘機屢進讒言把張某貶得一無是處。新來的公司主管偏聽偏信，便免了張某經理的職位，代之以李某。李某終於得逞，得意非凡。對此，張某卻有他自己的理解：「吃虧是福，欺人是災。」

誹謗之人往往用心險惡，他們通常利用別人不明真相的機會挑撥離間，從中漁利，就像故事中的李某。

評語

良言一句三冬暖，惡語傷人三月寒，誹謗之詞一出，暴露的是你自己的卑鄙心理，人格的低下，同時也傷害他人，擾亂視聽，造成無法換回的惡果。中傷誹謗他人都是無能的表現，真正有道德、有修養的人是不屑這樣做的。

第 31 章

譽

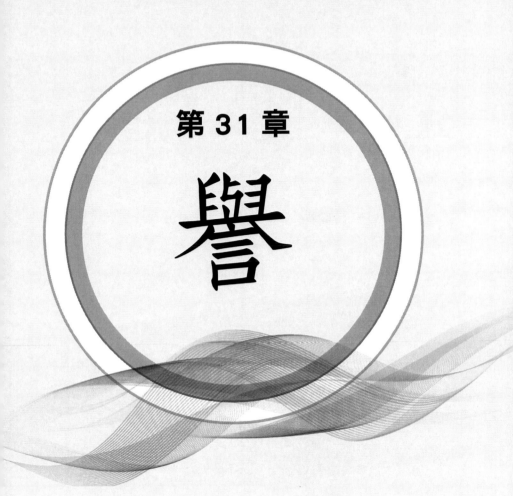

■ 原文

好譽人者諛，好人譽者愚。誇燕石為瑾瑜，詫魚目為驪珠。

尊桀為堯，譽跖為柳。愛憎奪其志，是非亂其口。

世有伯樂，能品題於良馬；豈伊庸人，能定駑驥之價。

古之君子，聞過則喜。好面譽人，必好背毀。噫，可不忍歟！

■ 譯文

不考慮是否合乎禮儀，一味奉承別人的人是諂媚的人。不辨是非，喜歡聽別人讚揚的人是最愚蠢的人。說燕石為美玉，將魚目當驪珠。

將暴君桀尊為仁主堯，把強盜跖稱譽為賢者柳下惠。說話顛倒是非，這難道不是善惡不分嗎？

世上有伯樂，能夠識別良馬；庸人和凡才又怎麼能夠確定壞馬和好馬的價格呢？古代的聖賢，聽到別人指出自己的缺點和錯誤都非常高興。就連和盜跖一樣的人，也認為喜歡當面奉承別人的人，也一定是喜歡在背後詆毀別人的人。所以，要讚美別人，一定要分清是非，別人稱譽自己，則一定要特別小心。

■ 活學活用：好面譽人，必好背毀

喜歡當面奉承別人的人，也一定喜歡背後詆毀人。讚美別人，一定要分清是非，得到別人的讚美，也一定要特別小心。

恭維別人並不是輕而易舉的事，所謂的「拍馬屁」、「阿諛」、「諂媚」，都是技藝拙劣的高帽工廠加工的仿冒品，因為它們不符合讚美和恭維的標準。

在現實的交往中，大凡向別人敬獻諂媚之詞的人，總是抱著一定的投機心理，他們自信不足而自卑有餘，無法透過名正言順的方式博取對方的賞識，表現自己的能力，達到自己的目標，只好採取一種不花力氣又有效益的途徑——諂媚。

戴高帽就是美麗的謊言，首先要讓人樂於相信和接受，便不能把傻孩子說是天才一樣的離譜；其次是美麗高雅，不能俗不可耐、低三下四，糟蹋自己也讓別人倒胃口；再者便是不可過白過濫，毫無特點，不動腦子。

有一個雜誌社的總編輯，在平常工作時，為了照顧某員工的情緒，想將其留下來，總是對他輕許諾言，畫上一個五彩光環，希望為其努力，拚命地工作。要是稍微有點問題需要總編輯親自處理，總編輯總是說：「嗯！這太難了，放在我辦公室，待會我自己處理吧！」然而，等到該員工不在的時候，他就會在別的員工面前說：「這點事都處理不了，水準太差了。」最終，這些話傳到其員工耳朵去了，結果是人去樓空。雜誌社曾一度處於癱瘓狀態。

過分粗淺的溢美之詞會毀壞一個人的名聲和品位。不論從傳統交際還是現代交際的眼光看，吹噓為君子所不齒。

評語

當代社會中，人心不古，很難猜測，可能在他滿臉笑容背後，隱藏著的是狼子野心，欲置你於死地而後快的痛恨。所以，我們必須要謹慎擇言、謹慎行事。

第 32 章

諂

■ 原文

上交不諂，知幾其神。巧言令色，見謂不仁。
孫弘曲學，長孺面折，蕭誠軟美，九齡謝絕。
郭霸嘗元忠之便液，之問奉五郎之溺器。
朝夕挽公主車之履溫，都堂拂宰相須之丁渭。
書之簡冊，千古有愧。噫，可不忍歟！

■ 譯文

與地位高過自己的人交往不阿諛奉承，是領會了和人交往的關鍵。花言巧語、察言觀色，被認為是為富不仁的小人。

公孫弘將學習的目的歪曲為阿諛獻媚，西漢的長孺為人倨傲、正直，能當面指責漢武帝的過失。蕭誠因柔善美言，張九齡因此而斷絕了和他的交往。

郭弘霸品嚐魏元忠的糞便，宋之問為張易之奉便器，趙履溫甘做安樂公主之牛馬，丁渭在都堂為寇準擦試鬍鬚上的湯漬。這些人的諂諛行為，都被記在了史冊上，遭受後世的恥笑和唾棄。唉！諛媚之人遭世人如此唾棄，又怎能不收斂自己的諂媚之心呢？

■ 活學活用：上交不諂，交人關鍵

與地位高的人交往，而不低聲下氣、阿諛奉承，那是維護了自身的德性。這是作人和與人交往的關鍵。然而生活中有太多的小人，為了達到不可告人的目的，説著違心的話，做著違心的事，看著別人的臉色行事，以此來取悅別人。也許這種做法使其慾望得到滿足，但是跟著人的仁德也就煙消雲散了。

唐朝的張九齡和嚴挺之、蕭誠很要好。嚴挺之討厭蕭誠阿諛奉承別人，就勸張九齡謝絕和蕭誠的來往。一次張九齡忽然氣憤地説：「嚴挺之太剛直，只有蕭誠和柔可人。」當時李泌在旁邊，對他説：「您從布衣出身，憑藉自己的正直才當上宰相，難道你還喜歡和柔的人嗎？」張九齡聽了，吃了一驚，馬上鄭重其事地對李泌表示感謝。

唐朝的宋之問，字延清，是汾州人。武則天時擔任尚方監丞、左奉宸內的官職。當時張易之等與武則天關係非同一般，人稱張易之等五人是武則天的五郎。宋之問傾力巴結張易之，阿諛奉承他，甚至在張易之大小便時，也給他端著溺器。後來張易之失勢，宋之問也被貶到了瀧州。

評語

面對權貴，不少人卑躬屈膝，這是一種自我貶低的做法。不畏權貴，敢於以死相拚，表現出了士可殺不可辱的氣魄，是真正的勇士所為。蕩滌諂媚之心，才會有所作為。

第 33 章

笑

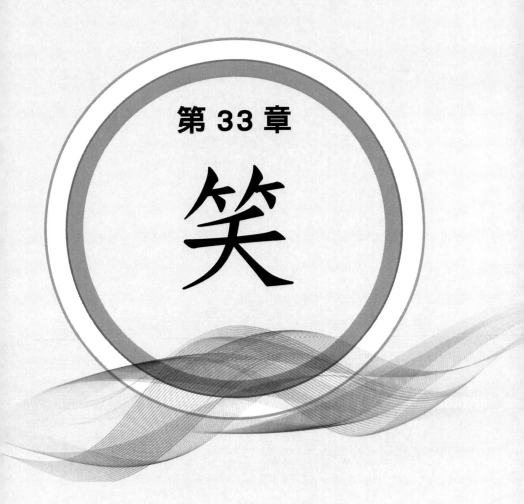

■ 原文

樂然後笑，人乃不厭。笑不可測，腹中有劍。

雖一笑之至微，能招禍而遺患。

齊妃嗤跛而郤克師興，趙妾笑躄而平原客散。

蔡謨結怨於王導，以犢車之輕詆；子儀屏去左右，防鬼貌之盧杞。

人世碌碌，誰無可鄙。馮道兔園策，師德田舍子。噫，可不忍歟！

■ 譯文

心中快樂，發自內心的笑，別人就不會厭惡。盧杞發笑的原因不可估測，是因為他內心狡詐。

雖然笑一笑是件小事，卻能招致禍患。齊妃嘲笑嗤跛致使晉國發兵伐齊；平原君的美妾笑語跛腳之客，而使其賓客漸疏。

蔡謨因牛車這種無足輕重的話題開玩笑，而和王導結怨；郭子儀支開妻妾，是擔心她們笑話盧杞的醜陋而招來災禍。

人世多碌碌庸人，又有誰能脫離俗氣？馮道因《兔園策》的玩笑而罷免了劉岳、任讚的官，婁師德卻不為被譏為農夫而發怒。有話說得好，笑可以結怨，笑也可以泯仇。對惡意的笑是不是該忍一忍呢？

■ 活學活用：笑自內心，切勿嘲笑

笑到適度，恰到好處，這樣別人就不會討厭。因為高興過度或是恥笑別人，則只會使別人討厭自己。

新北市土城的蕭崇烈一家三口滅門血案，在警方鍥而不捨的查緝後，宣告偵破。凶嫌鄧笑文被捕後，坦承因受經營堆高機生意的蕭崇烈「譏諷」而萌生殺機，並在行凶後擔心事情敗露，而再殺其妻女滅口。

鄧笑文表示：兩個月前，死者蕭崇烈用話刺激他、恥笑他，並用手指指他胸前，笑他「沒什麼用」，開堆高機那麼久了，仍然是「給人請（聘僱）」，不像他自己開堆高機沒多久就當了老闆。對這樣的「譏諷」，鄧笑文懷恨在心，後來蕭某只要與他碰面，就不斷嘲笑他，以致使他萌生殺人泄恨之心。

據警方表示，凶嫌鄧笑文心智健全，但因受到對方不斷的譏諷和嘲笑而殺人，這成為歷年來滅門血案的特殊案例，頗值得社會大眾警惕。

古人早有明訓：「言語傷人，勝於刀槍。」許多人常以「嘲弄」他人為樂，戲稱別人為「笨」、為「醜」，有些雖然是開玩笑，但總讓人覺得不妥，畢竟「尖酸刻薄」、「有失厚道」的嘲諷之言，會使聽者不悅；嚴重的，正如滅門血案一般，招致殺身之禍，後悔莫及。因此，古人說：「笑不可測，腹中有劍。」這劍來自你的心中，傷了別人；這劍同樣來自別人心中，定會傷了自己。由此可見，簡單的一笑，真叫人不可不慎啊！

評語

在碌碌人世間，誰都有自己的長處，也有自己的短處，你可以讚美別人的長處，但千萬不要去揭別人的短，更不要去嘲笑別人的短處，否則，會給雙方帶來麻煩。

第 34 章

妒

■ 原文

君子以公義勝私慾，故多愛；小人以私心蔽公道，故多害。

多愛，則人之有技若己有之；多害，則人之有技媢疾以惡之。

士人入朝而見嫉，女子入宮而見妒。漢宮興人彘之悲，唐殿有人貓之懼。

蕭繹忌才而藥劉遴，隋士忌能而刺穎達。僧虔以拙筆之字而獲免，道衡以燕泥之詩而被殺。

噫，可不忍歟！

■ 譯文

君子用公道正義來戰勝私心，所以能充滿關心；小人用私心替代公道正義，所以多有害人之心。充滿愛心，那麼別人有技能就好比自己有技能；心存害人之心，則別人有技能就必然會妒嫉忌恨。

士人不管是否賢明，入朝便會遭到妒嫉。女人不管美醜，入宮便會遭到妒忌。漢代宮中出現了「人彘」的悲劇，唐朝宮延則有對「人貓」的恐懼。

蕭繹忌才而毒死劉之遴，隋代眾儒妒能而殺孔穎達。王僧虔自謙書法拙劣而借此保全了性命，薛道衡因詩句之美而被殺害，世上只要有愛妒忌的小人存在，有才有貌者就有被害的危險。俗話說，棒打出頭鳥，人怕出名豬怕肥，也是同樣的道理。

■ 活學活用：鳥怕出頭，人怕出名

孔子說：「大凡君子能夠遵循天理，沒有慾望私心，因而能愛周圍所有的人。小人往往放縱私慾，違背天理，經常好妒嫉別人。」人一旦有了名氣，就會遭人算計和忌恨。

過於誇耀和顯示自己的才智是不智之舉。楊修有才，他的才智至少比曹操要快出「三十里地」，但他不知道保護自己，耐不住性子，總是在曹操面前顯露出來，那不是自己找死麼？一次，北方來人向曹操進獻一盒精心製作的油酥，曹操開盒嘗了嘗，覺得味道很好，因此連說了兩聲「好」，隨即蓋上盒蓋，在盒上題寫了一個醒目的「合」字，便走開了。

曹操的侍從們湊到了一起，七嘴八舌地議論起來，誰也不知曹操的葫蘆裡賣的是什麼藥，決定請楊修來思索思索。

楊修來後，默默地思索了一會，便動手打開這盒油酥。一個老文書連忙說：「不要動，這可是丞相喜歡吃的呀！」

楊修對大家說：「正是因為它味道好，丞相才讓我們一人一口分了吃，大家嘗嘗吧！」老文書不解道：「可是丞相沒有這樣說啊。」

楊修大笑著說：「這盒蓋上寫著『合』字，不是明明白白地告訴我們『一人一口』嗎？你膽小，就不要吃，反正我是要吃的。」拿起一塊油酥就塞進嘴裡去了。

大家一想有道理。頃刻之間，這盒油酥便被眾人吃得乾乾淨淨。

後來，曹操得知是楊修猜中了他的心思，口中喃喃地說道：「楊修果然是一個機靈之人。」不過自負的曹操心裡卻酸溜溜的。

評語

古人云：「木秀於林，風必摧之。」所以要是誰在哪一方面出人頭地，往往會受到別人的攻擊、嘲諷、指責，更有甚者，由於妒忌心重還可能給你來陰的，讓你生活在一種無形的壓力之下，時時刻刻都有障礙，讓你人做不好，事做不成。

第 35 章

忽

■ 原文

勿謂小而弗戒，潰堤者蟻，螫人者蠆。
勿謂微而不防，疽根一粟，裂肌腐腸。
患嘗消於所慎，禍每生於所忽。
與其讚賞於焦頭爛額，孰若受諫於徙薪曲突。噫，可不忍歟！

■ 譯文

不要因為微小就不設防，蟻穴尚可以潰堤，蜂蠆還可以螫人。

不要認為微小就掉以輕心，惡疱剛發作時不過像米粒大小，但能讓肌膚破裂，腸胃腐爛。人在謹慎的時候，禍患就會消失，通常禍患是因為疏忽所致。與其在大火後獎賞救火者，不如聽從改灶移柴的建議。總之，小事能釀成大禍。只有防患於未然，才能將災禍消滅在萌芽狀態，怎能讓自己疏忽大意呢！

■ 活學活用：千里之堤，潰於蟻穴

不要輕視小事，船有一個小縫隙就會淹沒；不要輕看小東西，蟻穴可以潰堤，蜂蠆可以螫人。成大事者，往往能防微杜漸。

那是在南非的克尼斯納，一個老伐木工正在解釋如何伐樹。他指出，要是你不知道哪棵樹砍了會落在哪裡，就不要去砍它。「樹總是朝支撐少的那一方落下，所以你如果想使樹朝哪個方向落下，只要削減那一方的支撐便可以了。」他說。

傑克滿心焦慮，在兩幢建築物中間的地上劃一條線。約半個小時後，那棵樹果然不偏不倚地倒在線上，樹梢離開房子很遠。

他舉起斧頭扛在肩上，正要轉身離去，卻突然說：「我們運氣好，沒有風。永遠要提防風。」老伐木工的言外之意，傑克在數年後接到關於一個心臟移植病人的驗屍報告時才忽然明白。那次手術很順利，病人的復原情況良好。然而，忽然間一切都出現了不正常，病人死了。驗屍報告指出病人腿部有一處小創傷，傷口感染了肺，導致整個肺喪失機能。

那老伐木工的臉驀地在傑克腦海中浮現。他的聲音也響起來：「永遠要提防風。」簡單的事情，基本的真理，需要智慧才能了解。那個病人的死，慘痛地提醒傑克功虧一簣這個道理。縱使那個傷口對健康的人是無關痛癢的。但是卻奪走了那個病人的命。

那老伐木工和他的斧頭可能早已入土。然而，他卻留下了一個訓誡給我們——我們應時刻提醒自己：「我們這回運氣好，沒有風。」

評語

世間萬物都是由小到大發展、變化而來，都是一個由量的累積到質的變化的過程，一個人的本性是善的，可是日後也可能逐漸地變壞。對小事情的疏忽，必然導致大禍害的產生。因此，我們要牢記：勿以善小而不為，勿以惡小而為之。

第 36 章

忤

■ 原文

馳馬碎寶，醉燒金帛，裴不譴吏，羊不罪客。
司馬行酒，曳遐墜地。推床脫幘，謝不瞋繫。
訴事呼如周，宗周不以諱。是何觸觸生，姓名俱改避？
蓋小之事大多忤，貴之視賤多怒。古之君子，盛德弘度，人有不及，可以情恕。
噫，可不忍歟！

■ 譯文

騎馬不小心摔壞了寶物，裴行儉未加罪於小吏，喝醉酒燒了玉帛，羊侃並沒有怪罪賓客。司馬勸酒拉倒裴遐，他跌倒於地而沒有發怒。謝安被人從座上推下來，弄掉了頭巾，他並沒有怪罪蔡系。有人上訴竟直呼其名字，宗如周不以為意。是什麼產生了觸犯忌諱這一說法，而使人的姓名都要改換呢？

小人物侍奉大人物之時總會有意外，高貴的人對待卑賤的人也常常會生氣。如果大人物能為人寬宏大度，善解他人，那麼他就擁有君子的品行了。請忍住心中的不滿，原諒別人的過失，與人為善吧！

■ 活學活用：君子之腹，善解他人

寬容無意冒犯之人，不去計較他人的過失是一個君子應該具備的優良品質。日常生活中時有磨擦發生，多一份寬容，就能少一份爭吵和仇恨。

別人不小心做錯事，違背了你的心願，打亂了你的計畫，對方原本是無心為之，如果你不善加以處理，不能忍受別人的過失，而大發雷霆，只能是加劇對方的恐懼，事情只會是越辦越糟。如果反過來寬容對方，肯定是另一種結局。

美國空軍著名戰鬥機飛行員鮑伯·胡佛經驗豐富，技術高超。在試飛生涯中，十分順利地試飛了許多種機型。

有一次，他在接受命令參加飛行表演，完成任務後他飛回洛杉磯，在途中飛機突然發生故障，問題十分嚴重，飛機的兩個引擎同時失靈。他臨危不懼，果斷、沉著地採取了措施，奇蹟般地把飛機迫降在機場。

飛機降落後，他和安全人員檢查飛機情況，發現造成事故的原因是用油不對，他駕駛的是螺旋槳飛機，用的卻是噴射機用油。

負責加油的機械工嚇得面如土色，見了胡佛便痛哭不已。因為他一時的疏忽可能會造成飛機失事和三個人的死亡。胡佛並沒有對他大發雷霆，而是上前輕輕抱住那位內疚的機械工，真誠地對他說：「為了證明你幹得好，我想請你明天幫我做飛機的維修工作。」

這位機械工後來一直跟著胡佛，負責他的飛機維修。以後，胡佛的飛機維修從來沒有發現任何差錯。

評語

一個人，能善待別人的過失，給予他人理解和自尊，幫助他人恢復自信與堅強，那麼，他就是一個高尚的人，同樣也能獲得別人的尊重和信任。

第 37 章

仇

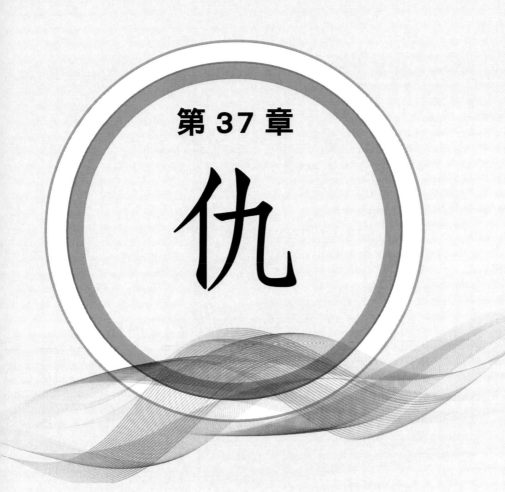

■ 原文

血氣之初，寇仇之恨。報冤復仇，自古有聞，不在其身，則在子孫。

人生世間，慎勿構冤。

小吏辱秀，中書憾潘。誰謂李陸，忠州結歡？

霸陵尉死於禁夜，庾都叔奪於鵝炙。一時之忿，異日之禍。

張敞之殺絮舜徒，以五日京兆之忿；安國之釋田甲，不念死灰可溺之恨。

莫慘乎深文以致辟，莫難乎以德而報怨。君子長者，寬大樂易，恩仇兩忘，人己一致。無林甫夜徒之疑，有廉藺交歡之喜。噫，可不忍歟！

■ 譯文

血氣方剛的年輕人，最容易與人結怨。報仇雪恨，自古就不斷髮生。不能對其本人泄恨，就對其子孫進行報復。人生在世應謹言慎行，勿結仇怨。使子孫受辱而終得報仇，呂一結怨於潘浚而不免被誅。誰又能想到李吉甫和陸贄最後會在忠州化干戈為玉帛呢？

霸陵尉被殺，是因為禁止李廣夜行的緣故，庾悦被奪兵權，是因為昔日沒給劉毅鵝肉吃所引起。一時積下的忿恨，釀成日後的災禍。

張敞之所以殺絮舜，只是因為惱怒於絮舜說他只當過五天京兆的話。韓安國能不記恨死灰可溺滅的侮辱之言，而沒有報復田甲。

最殘忍的事莫過於羅織罪名去致人死地，最難的事莫過於是以德報怨。君王也就是長者，溫和而又平易，能夠不計恩仇，使其和諧一致。因而沒有李林甫那種一夜數易其住所的恐懼，只有廉頗、藺相如交歡結好的喜悦。

■ 活學活用：血氣之初，寇仇之恨

真正的心懷大志者，應該不因小事而去與人結怨，更應該努力做到以德報怨。

寬大自己的仇人，仇人會良心發現，必會找機會相報；反之，冤冤相報，將永遠也沒有一個終點。

一位畫家在集市上賣畫，不遠處，前呼後擁地走來一位大臣的孩子，這位大臣在年輕時曾經把畫家的父親欺詐到心碎而死。這孩子在畫家的作品前流連忘返，並且選中了一幅，畫家卻匆匆地用一塊布把它遮蓋住，並聲稱這幅畫不賣。

從此以後，這孩子因為心病而變得憔悴，最後，他父親出面，表示願意付出一筆高價。可是，畫家寧願把這幅畫掛在自己畫室的牆上，也不願意出售。他陰沉著臉坐在畫前，自言自語地說：「這就是我的報復。」

每天早晨，畫家都要畫一幅他信奉的神像，這是他表示信仰的唯一方式。可是現在，他覺得這些神像與他以前畫的神像日漸相異。這使他苦惱不已，他不停地找原因。然而有一天，他驚恐地丟下手中的畫，跳了起來：他剛畫好的神像的眼睛，竟然是那大臣的眼睛，而嘴唇也是那麼的酷似。他把畫撕碎，並且高喊：「我的報復已經回報到我的頭上來了！」

這個故事告訴我們，一個人若心存報復，自己所受的傷害會比對方更大。報復會把一個好端端的人帶到瘋狂的邊緣，報復還能把無罪推向有罪。

評語

仇恨越積越深，仇爭不忍，則會以仇報仇，無休無止，這樣對個人、對事業都沒有益處。只要能認識到仇爭的害處，相信大多數人都能化解矛盾，團結共事。

第 38 章

爭

■ 原文

爭權於朝，爭利於市，爭而不已，瞖不畏死。

財能得人，亦能害人。人曷不悟，至於喪身。

權可以寵，亦可以辱。人胡不思，為世大僇？

達人遠見，不與物爭。視利猶糞土之汙，視權猶鴻毛之輕。

汙則欲避，輕則易棄。避則無憾。

於人，棄則無累於己。噫，可不忍歟！

■ 譯文

好權的人爭權於朝廷，好利之人爭利於市場，爭來爭去永無休止，就好像殺人奪物之人逞強而不怕死。

錢財能給人帶來好處，同樣也能坑害人。人們一直沒有想明白，因此而喪失生命。權勢能使人得到寵愛，也能使人備受侮辱。人們為什麼對此不好好深思，而最終被誅呢？

豁達的人有深遠的見解，不去爭奪外物，把利看成汙濁的糞土，把權力看得輕如鴻毛。認為汙濁的東西，自然就能比較容易避開，輕視一樣東西，也能很容易地拋開它。避開了利則能使人無恨，拋開了權則能讓自己輕鬆。還有什麼比得過知足常樂，瀟灑俐落，無所拖累這樣快活呢？

■ 活學活用：達人遠見，不與物爭

錢財誠可貴，權利價更高；若為生命故，兩者皆可拋。人們為什麼不悟於此而要爭權於朝廷，奪利於市場，而招來羞辱和喪失生命呢？大凡君子往往具有遠見，不與外物相爭，視錢財如糞土，當權力為鴻毛，因此而灑脱、俐落和無比快樂。

從前，有位樵夫生性愚鈍，有一天他上山砍柴，不經意地看見一隻從未見過的動物。於是，他上前問：「你到底是誰？」

那動物開口説：「我叫『領悟』。」

樵夫心想：我現在就是缺少「領悟」啊！把牠捉回去算了！

這時，「領悟」就説：「你現在想捉我嗎？」

樵夫嚇了一跳：我心裡想的事牠都知道！那麼，我不妨裝出一副不在意的模樣，趁牠不注意時趕緊捉住牠！

結果，「領悟」又對他説：「你現在又想假裝成不在意的模樣來騙我，等我不注意時，將我捉住。」

樵夫的心事都被「領悟」看穿，所以就很生氣，真是可惡！為什麼牠都能知道我在想什麼呢？

誰知，這種想法馬上又被「領悟」發現。

牠又開口：「你因為沒有捉住我而生氣吧！」

於是，樵夫從內心檢討：我心中所想的事，好像反應在鏡子裡一般，完全被「領悟」看穿。我應該把牠忘記，專心砍柴。

樵夫想到這裡，就揮起斧頭，用心地砍柴。

一不小心，斧頭掉下來，卻意外地壓在「領悟」上面，「領悟」立刻被樵夫捉住了。

不去強求不屬於自己的東西，學會順其自然。違背規律辦事，就會步步艱難；順應規律，就會得心應手，一路坦途。

評語

不計較個人恩怨，對待別人對自己的仇視不去爭長論短，而是機智的避退，這並非是軟弱無能，而是一種處世的智慧。

第 39 章

欺

■ 原文

鬱陶思君，象之欺舜。校人烹魚，子產遽信。

趙高鹿馬，延齡羨余。以愚其君，只以自愚。丹書之惡，斧鉞之誅。

不忍絲發欺君。欺君，臣子之大罪。二子之言，千古明誨。

人固可欺，其如天何！暗室屋漏，鬼神森羅。作偽心勞，成少敗多。

鳥雀至微，尚不可欺。機心一動，未彈而飛。人心叵測，對面九疑。

欺罔逝陷，君子先知。波遁邪淫，情見乎辭。噫，可不忍歟！

■ 譯文

象欺騙了舜，卻掩飾說，我思念你萬分。管池塘的小吏烹食了魚卻謊稱已放生，子產相信了他的謊言。趙高指鹿為馬，裴延齡無中生有。欲欺騙君主，只能愚弄自己。

觸犯法律的大罪，勢必受到誅戮。「不在細微的事上欺騙君主」、「欺騙君主，是臣子的大罪」，這是胡宿和魯宗道所說的話，是流傳千古的至理名言。

人固然可以欺騙，天又怎麼能夠被欺騙呢？在暗室和屋角，同樣到處都是鬼神。做虛偽的事，會心神不安，往往成功的少，失敗的多。

鳥雀雖小，也不可欺。弩機剛動，彈未發而鳥已飛去。人心叵測，難辨真偽。欺騙愚弄對人進行陷害，孔子對此已有先知。偏頗、失誤、歪邪、理屈四種人情，都能在言辭中得以表觀。唉！欺人總欺不過天，如果有欺人之念怎能不忍住呢？

■ 活學活用：人心叵測，慎辨真偽

人心很難猜測，因此我們需要謹慎，小心辨別真假，我們自身更不能夠行騙、欺詐他人。欺詐的行為也許能獲得一定的利益，但同時你也失去了他人對你的信任，一個失去信譽的人，很難在社會上立足，更不可能有生意上的合作夥伴，如果有，那一定也是一個欺詐之徒。

從前，一位商人，過幾日要到外地去。他在一座房子附近挖了一個地洞，將自己的錢藏在裡面。那座房子裡面住著一位老人。這位老人一向被認為是品行高尚、忠誠老實的人。他正好看到這位商人挖洞藏錢，隨後便過去將錢通通偷走了。

幾天後，那位商人辦完事回來取他的錢，發現錢已不翼而飛了。他想到了那位老人，對他說：「打擾先生！我有件事想請教你。勞駕，你能告訴我該怎麼辦呢？」老人答道：「請說吧？」商人說：「先生，我是到這裡來購物的。我帶來了兩個錢袋：一個錢袋裡裝著六百塊金幣，另一個錢袋裡是一千塊金幣。在這座城裡，我舉目無親，找不到一個可以託付的人代我保管這筆錢財。因此，我只好到一個隱蔽的地方，將那裝著六百塊金幣的錢袋埋在那裡。現在我不知道，我該不該將另一個裝有一千塊金幣的錢袋仍然藏到相同地方，還是另找一個地方藏起來，或者還是找一個誠實的人代為保管？」老人答道：「如果你想聽聽我的意見，那最好別將錢交給別人保管；你還是仍然將錢藏到你第一個錢袋所藏的地方去吧！」

商人道謝說：「我一定按照你的話去做。」

商人走後，這個老騙子私下想：「要是這個人將第二個錢袋送到老地方去藏時，發現原來的那個錢袋不見了，那他就不會再將第二個錢袋再藏在那裡啦。我必須盡快將第一個錢袋放回原處。這傻瓜準會將第二個錢袋再藏在那裡，那我就可以將兩個錢袋都弄到手了。」

於是，他趕緊將偷來的錢袋放回原處，此時，那位商人也在這樣考慮：「要是這個老頭偷了錢袋，那他為了弄到第二個錢袋，現在也許已把它送回原地去了。」商人來到原先藏錢的地方，真的又看到那個錢袋子。他高興地喊道：「哈哈，我丟失的金幣物歸原主了！」

貪婪，讓騙子把到手的錢又送了回去，結果他不是得到更多的錢，而是得到了嘲弄。

評語

誠實無欺一直被視為商業道德的重要內容和標誌，君子守信不欺、忠於他人、忠於朋友，雖死也無憾。但這世界上行騙之人，行騙之事還是經常發生。這些人往往口是心非，利用他人對自己的信任而聚斂錢財。人生在世，誠信尤為重要，欺詐之徒時間長了，人們就會認清他的本來面目，就會鄙視他、蔑視他、遠離他。因此，我們需要牢記：欺騙別人，同樣是在欺騙自己。

第 40 章

淫

■ 原文

淫亂之事，易播惡聲。能忍難忍，謚之曰貞。
路同女宿，至明不亂；鄰女夜奔，執燭待旦。
宮女出賜，如在帝右。面閣十宵，拱立至曉。
下惠之介，魯男之潔。日磾彥回，臣子大節。
百世之下，尚鑒風烈。噫，可不忍歟！

■ 譯文

淫亂的事情，最容易敗壞名聲。能忍難忍之事的人，人們相當敬佩並稱他們為貞節之人。柳下惠旅途中與女人同宿到天亮，仍能做到不與其有淫亂之舉；顏叔子讓無家可歸的女子夜宿其家，持燭到天明。

金日磾對待賜與的宮女，就像在皇帝身邊時那樣嚴肅，褚淵在西閣山陽公主處留了十夜，始終衣冠齊整站至天明。

柳下惠忠直貞潔的品德得到了世人的讚頌，魯國男子的潔身自好也值得誇賞。金日磾不近所賜之宮女，褚淵不順從公主的私慾，他們都保持了為人臣子的操節。千百年來，氣節猶為人之楷模。唉！淫慾是最難忍的了，但只有忍住淫心，才能保住名節啊！

■ 活學活用：潔身自好，高風亮節

富貴不能淫，貧賤不能移，威武不能屈，此乃大丈夫。千百年來，為人楷模者，忍住心中的淫心，方能永保高風亮節。

能忍淫亂之事的人是最難得的人。淫亂，能動搖人的心，敗壞人的德行，殘害人的事業。柳下惠從很遠回來，到晚上，城門已關，只好睡在城門處。一會，有個女人來跟他一起睡。當時天很冷，他怕這個女子凍死，就把她抱在懷裡，用自己的衣服蓋住她。至天明，也沒有越軌之舉。

魯國顏叔子一個人住一處房子，晚上下起了大雨。鄰居的房子倒塌了，一個女子跑來投宿。顏叔子讓那個女子把蠟燭拿在手裡，燭燒完了，就燒屋上的茅草，以保持火光不斷。這樣，一直到天明，顏叔子也沒有對這位女子起淫亂之心。

西漢金日磾，字翁叔，本來是匈奴休屠王的太子。他投降漢朝，被分配去養馬，賜姓為金。金日磾外貌很嚴肅，馬都養得膘肥體壯。漢武帝拜他為馬監，又升為光祿勛。後來做了車騎將軍。在皇帝身邊，他目不斜視幾十年。皇帝賜給他宮女，他也不敢接近。他就是這樣的忠誠篤志。皇上對他更加刮目相看了。

能忍住淫亂之心的人，還有什麼不能忍……

評語

美色能亂人心志，自古英雄難過美人關，多少英雄豪傑橫空出世，又有多少英雄喪身在美人的石榴裙下。除了嘆惜，就只剩下惋惜了。人啊！收斂你的淫亂之心吧。

第 41 章

懼

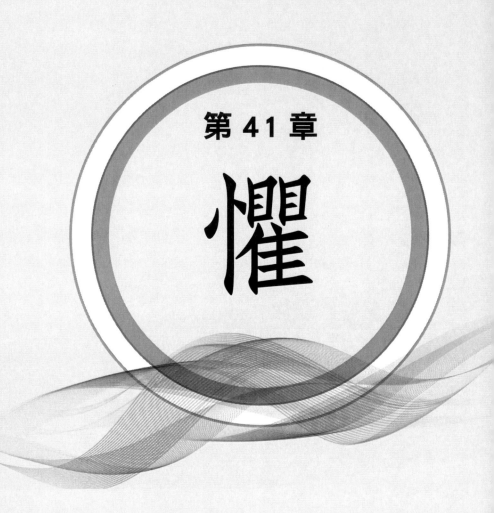

■ 原文

內省不疚，何憂何懼？見理既明，委心變故。
中水舟運，不諂河伯。霹靂破柱，讀書自若。
何潛心於《太玄》，乃驚遽而投閣。
故當死生患難之際，見平生之所學。噫，可不忍歟！

■ 譯文

人如果能經常自省而沒有發覺愧疚之處，那還有什麼憂鬱恐懼的？如果對道理非常明白，即使發生意外也能泰然處之了。

乘船過河，韓褐子拒絕祭祀河伯；霹靂擊破柱子，夏侯玄讀書自若。揚雄潛心於太玄之學，卻在驚慌中跳閣摔傷。因此，只有在生死患難的時刻，才能顯示出所學與修養如何。

■ 活學活用：內省不疚，何憂何懼

俗語說得好：為人不做虧心事，三更不怕鬼敲門；君子坦蕩蕩，小人長戚戚。人之所以恐懼，肯定是心中有鬼或是有不可告人的祕密，恐懼的產生皆是出於人的慾望，怕字一有，說明心中定有所盼，情有所鍾，唯恐不能實現。

恐懼的人往往得不到快樂，他們常常遐想著，害怕著不幸的降臨，怕失財失位、怕會遭遇不測、怕發生火災……此類人往往沉浸在疾病和災難的惶恐中。時常幻想自己某種實際上不可能得的不治之症；不足為奇的小毛病在他們眼裡就像世界末日要來臨般焦慮不安；他們感覺出門的一剎那就可能被車撞，甚至躺在床上不安於屋頂是否堅實。

尼加拉瀑布以其雄偉壯麗吸引了眾多遊客。一天，有一位特技演員在瀑布上方架起了一條鋼絲，吸引了大量遊客前來參觀，鋼絲下面就是懸崖，瀑布從懸崖上奔騰而下，發出隆隆巨響，讓人膽顫心驚。那個人熟練地在鋼絲上走過來走過去，他那巨大的膽量和精湛的技巧博得了觀賞者們熱烈的掌聲。

特技演員走下鋼絲，對觀眾說：「有誰願意上來，讓我背著他穿過懸崖？」觀眾聽著這個大膽的建議，不禁倒吸一口氣。望著那高聳的懸崖，沒有一個敢過去。只有一個小男孩勇敢地跑上前來，願意讓特技演員背著他走鋼絲。

觀眾們都捏著一把汗，看到他們二人在鋼絲上慢慢地走著，直到他們平安地走到對面，觀眾懸著的一顆心才落回原處。人們好奇地問小男孩：「你為什麼敢讓這個人背你走鋼絲，你不知道這很危險嗎？」

小男孩驕傲地回答：「因為他是我爸爸。他是全世界最棒的特技演員，是不會讓我有危險的。」

小男孩為什麼會毫無畏懼呢？答案是：他相信自己的爸爸不會給自己帶來危險。擺脱了恐懼你還害怕什麼呢？

評語

心中無愧事，何懼之有？要想驅趕恐懼，就需忍耐貪慾，忍耐心中的不平，處世光明磊落，寬和待人也就無所畏懼了。

第 42 章

好

■ 原文

楚好細腰，宮人餓死。吳好劍客，民多瘡瘢。
好酒好財好琴好笛好馬好鵝好鍛好屐，凡此眾好，各有一失。
人唯好學，於己有益。
有失不戒，有益不勸，玩物喪志，人之通患。
噫，可不忍歟！

■ 譯文

楚王喜歡細腰的女子，宮女因此而餓死者大有人在。吳王喜歡與劍客過招，於是老百姓身上便有傷痕。

古人有嗜好酒、財、琴、笛、馬、鵝、鍛造、鞋子等的，愛好這些的人，都有所失。一個人只有喜歡好學，才會對自己有益。明明知道嗜好會給自己帶來過失，卻不戒除掉；明明看到對自己有益的東西，卻不去努力學習，結果導致玩物喪志，這是人類的通病。

■ 活學活用：玩物喪志，人之通患

人有七情六慾，每個人的喜好和厭惡都有所不同。即使是有著相同志趣的人也各有自己十分鍾情或是醉心的事情，就愛好本身，本無可厚非，在喧囂的人世間，有一方屬於自己的淨土，欣賞那些心愛的珍藏是一件非常痛快的事。許多名人都有自己珍愛的東西。

愛好本身並不是壞事，它能陶冶情操、娛樂身心，但倘若愛過了頭，失去了分寸，甚至於到了執迷不悟、顛倒是非輕重的境地，那就非常危險了。

賞愛過分，一味沉醉其中，既誤理想，又走火入魔，人到玩物喪志的地步，只會給自己帶來意想不到的災難。

春秋時，衛國君主衛懿公在位九年，驕奢淫逸，耽於享樂，他最愛好的玩物是鶴。那鶴色潔形清，能鳴善舞，因而衛懿公特別喜愛。懿公好鶴，凡是獻鶴的人都有重賞，因此百姓爭相羅致優良品種，趕來進獻懿公。一時間，從苑囿到宮廷，處處養鶴，不下幾百隻。

一次，衛懿公正想帶著鶴出遊，邊關忽報「狄人侵邊境」，懿公大驚，立刻全國招兵，準備發放武器，抵禦外侵。但老百姓不願應徵，都紛紛逃向村野，躲避起來。一時，懿公竟湊不成一支抗敵的隊伍，只得命司徒去抓男丁，終於，抓了一百餘人。懿公問他們為何逃避應徵，眾人回答：「大王只要有一件東西，便可以抵抗狄人了，何必需要我們？」懿公奇怪地問：「什麼東西。」眾人回答：「鶴。」懿公說：「鶴能抵抗狄人嗎？」眾人說：「鶴既不能參加戰鬥，就是沒有用的東西！大王對老百姓刻薄，而對這些無用的大費周章餵養，這就是我們不服氣的地方！」鶴本是一種珍禽，牠形態高潔，鳴聲清越，一直是福壽的象徵，也為歷代名人雅士所喜愛。衛懿公愛鶴，本不失為一高雅的行為，但作為一國之君，他愛鶴甚於愛民，是非不分，人物兩忘，乃於政務廢弛，民眾離心，最後竟導致亡國喪身。可見，再高雅的愛好，若愛之過甚，也會招來災禍。

評語

愛好不當而迷心，就會給自己帶來毀滅性的後果。切記，物有所愛，但千萬不可玩物喪志。

第 43 章

惡

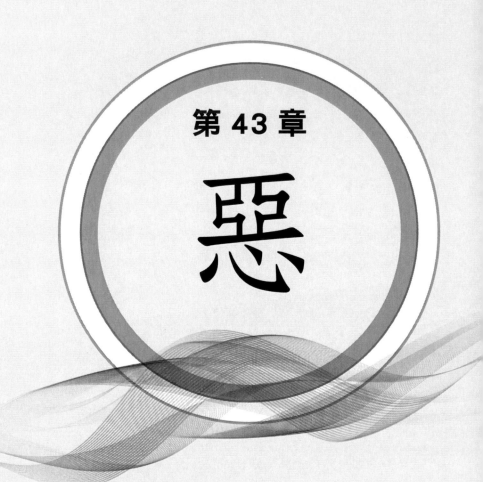

■ 原文

凡能惡人，必為仁者。惡出於私，人將仇我。
孟孫惡我，乃真藥石。不以為怨，而以為德。
南夷之竄，李平廖立；隕星訃聞，二子涕泣。
愛其人者，愛及屋上烏；憎其人者，憎其儲胥。
鷹化為鳩，猶憎其眼。疾之已甚，害幾不免。
仲弓之吊張讓，林宗之慰左原，致惡人之感德，能滅禍於他年。
噫，可不忍歟！

■ 譯文

以公正之心，厭惡他人者一定是仁者。出於私心而厭惡他人者，一定會得到別人的歧視。

孟孫討厭我，就像治病的良藥，不以此為怨，反而以此為德。

李平、廖立被諸葛亮流放到南夷。但其死後，兩人聞訊痛哭不止。喜歡一個人，連同他屋上的烏鴉也一樣喜歡；厭惡一個人，連他的房子也一樣厭惡。就算老鷹變成斑鳩，可認識牠的人，還是恨牠的眼睛。當然，恨之過度，免不了會招來災禍。

陳寔為張讓父親弔喪，林宗勸慰左原，使惡人感恩戴德，免去了日後的災禍。以恰當有分寸的態度對待所厭惡的人。對你討厭的人如果逼得太甚，只會帶來禍害；如果你能使他感恩，那麼就會消除災禍。

■ 活學活用：仁者惡人，大公無私

大凡仁者，往往能大公無私，所以他的好惡也都是合情合理的。一個人如果存有私心，他往往就會有偏見，他的喜好就會和人的本性有偏差，而這是君子所不恥的。

明智之人懂得良藥苦口的道理，出於公心才能得到他人的愛戴。

東漢桓帝時，有個人叫左原，是陳留人。他是郡學的學生，曾經因為犯法，被開除。郭林宗曾經在路上碰到他，便安排酒席來安慰他。林宗對他說：「從前顏涿聚是梁甫的大強盜，段干木是晉國的馬販子。最後，一個成了齊國的忠臣，一個成了魏國的賢士。希望你不要氣餒，要反省自己的過錯。」左原接受他的勸告之後走了。當時有人諷刺林宗和惡人不絕交。林宗說：「人如果不仁義，你還那麼討厭他，是會出亂子的。」左原後來忽然心生憤恨，結交俠客，想報復太學裡的人。這天，林宗正在太學裡，左原感到辜負了林宗的教誨，於是就走了。所以說：「使惡人能被仁義感動，就能滅去災禍。」

評語

不要忘卻勸忍百箴裡的驚世警語：討厭別人，逼人太甚，只會給你帶來禍害，為什麼不忍住對人的成見呢？

第 44 章

勞

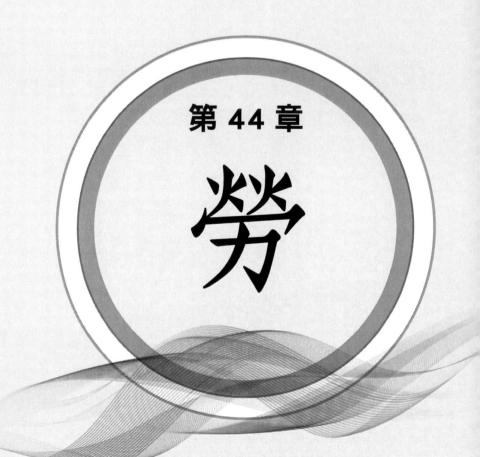

■ 原文

有事服勞，弟子之職。我獨賢勞，敢形辭色。《易》稱勞謙，不伐終吉。顏無施勞，服膺勿失。
故黽勉從事，不敢告勞，周人之所以事君；惰農自安，不昏作勞，商盤所以訓民。
疾驅九折，為子贛之忠臣；負米百里，為子路之養親。
噫，可不忍歟！

■ 譯文

有事盡其勤勞，是徒弟和兒子們應盡的職責。假如只有一個人，無論做得多苦多好，也不會有什麼抱怨和推辭。

《易經》認為那些勤勞和謙遜的人，一定會有好的結果。顏淵告誡後人：「希望不要因為有善德而矜持，有功勞而聲張。」顏淵自身也是一個謙遜中庸的人，常將別人的善心善事牢記於心。

所以，勤勉勞作，不敢傾訴自己的辛苦，這是周大夫奉行的事君事父的準則；懶惰的農夫貪圖安逸，不願意辛勤勞作，所以商王盤庚訓誡其子民。

王子贛快馬加鞭駛過九折險路而赴任，被後人譽為忠臣。子路從萬里之外背米回來奉養雙親，盡顯其孝子之心。唉！辛勤勞作，是一種美德，怎能不忍受辛苦而抱怨呢？

■ 活學活用：有事服勞，弟子之職

勤勞是一種職責，更是一種美德，我們應該凡事要盡心盡力，而不要有所抱怨。世人往往讚歎，仰慕那些風雲人物的成就，然而他們哪裡想到成功光環背後的苦楚、艱難，他們哪裡想到：當自己安然入夢之時，快意於室外活動之刻，那些事業成功者卻在挑燈夜戰，閉門不出，辛勤不倦地勞動著！

勞動！它讓人更加健壯，使人臉色紅潤、雙目有神，身手敏捷、思維敏銳、腳步輕盈。勞動是驅除疾病的良方妙藥，勞動著的人是幸福的。因此，我們怎麼能不忍受勞動的辛苦而去抱怨呢？

約翰．亞當斯也曾是一個厭倦了讀書的孩子，他要求父親不要再讓他學拉丁語了。「沒問題，約翰。」父親回答說，「但是，你要去水田裡挖幾條溝，田裡需要排水了。」

約翰本來就不大敢向他父親提出不再學習拉丁語的要求，現在他更不敢拒絕父親的這個命令了，因為他知道父親是什麼樣的人。於是，他拿過鐵鍬，在水田裡忙忙碌碌地做了一天。但是，挖的時候開始促使他自我反省。那天晚上，他請求父親允許他第二天繼續去學習拉丁語，父親同意了。從此以後，約翰非常熱切地投入到學習中去了，還養成了認真對待任何事情的習慣。結果，他成了美國獨立戰爭時期的關鍵人物之一，並且成為華盛頓之後的第二任美國總統。

評語

承受辛勤的勞動本身，對塑造自己的品格和完善自己的個性也是非常有益的。只要你兢兢業業地工作，你就會擁有燦爛輝煌的人生。

第 45 章

苦

■ 原文

漿酒藿肉，肌豐體便。目厭粉黛，耳溺管弦。此樂何極？是有命焉。

生不得志，攻苦食淡；孤臣孽子，臥薪嘗膽。

貧患難，人情最苦。子卿北海之上牧羝，重耳十九年之羈旅。呼吸生死，命如朝露。

飯牛至晏，襦不蔽骭，牛衣臥疾，泣與妻決。天將降大任於斯人，必先餓其體而其身。噫，可不忍歟！

■ 譯文

將美酒當水，將肥肉當野菜，肌肉豐盈，大腹便便。看厭了各色塗脂抹粉的美女，聽膩了歌舞音弦的聲音。難道這就是快樂到極限了嗎？恐怕這也僅僅是命運的安排吧！

人只有在不順利不得志的時候，才能忍粗茶淡飯之苦，真正做到刻苦攻讀。只有被疏遠的臣子和庶出的兒子，才能做到像越王句踐那樣臥薪嘗膽，忍別人不能忍受的痛苦。

貧窮和受苦受難，是世間最為痛苦的事。蘇武牧羊於杳無人煙的北海之地，重耳流離在外十九年。生死至黃昏一線間，如同朝露易於消逝。

寧戚穿著單衣短襖，在城門外餵牛。西漢王章病臥於牛衣之中與妻子相對落淚。上天將大任降於某個人身上，一定會使他歷盡各種艱難困苦，這樣就可以磨練他的意志，增強他的能力。因此，苦難是一筆用之不盡的精神財富，怎能不忍呢？

■ 活學活用：貧賤患難，人情最苦

苦難雖然難以忍受，但它卻是人生一筆豐富的財產。人們怎能不忍一忍逃避怯懦之心呢？生活是一杯苦咖啡，香醇中摻雜苦澀，我們每個人都需要去經歷和面對。人生在世總要遇到許多挑戰，面對困難，有時成功或失敗只在一瞬間。

苦難是成功與失敗的分水嶺，跨過去、忍住了，你也就能一覽天下美景，得到了勝利的照耀；在苦難的深淵裡沉淪了，就當一次教訓，再次來過。

史蒂芬生是大家熟悉的火車發明家。出生於英國，雙親都是礦工，家境清苦，他十多歲便在礦場上班，十八歲時，才有機會上學，畢業後，又到礦場當技工。由於從小目睹礦工工作的艱辛與危險，史蒂芬生決定為礦工解決工作的難題。首先他發明了巧妙的礦坑安全燈，解決了採礦的照明問題，減少意外的災難發生。其後，他看到礦井底下運煤困難，又致力於火車的研究，希望幫助礦井工人減輕運煤的辛勞。在當時想研究火車，需要大的經費投入，史蒂芬生雖然每天過著清苦的生活，但追求成功的意志鼓舞著他克服種種困難，終獲成功。

評語

　　佛祖釋迦牟尼宣講佛經時說，人不只是要養成一種真正吃苦的習慣，還要把吃苦當一種修行。《孟子》也告訴後人：「天將降大任於斯人也！必先苦其心志，勞其筋骨，餓其體膚，空乏其身……。」能吃苦，是成大事者必備的要件之一。

第 46 章

儉

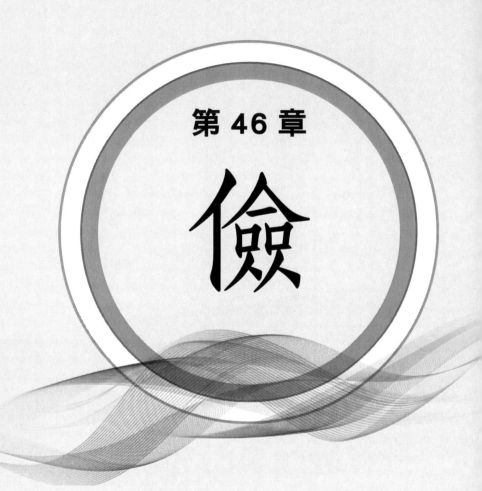

■ 原文

以儉治身，則無憂；以儉治家，則無求。

人生用物，各有天限。夏澇太多，必有秋旱。

瓦鬲進煮粥，孔子以為厚；平仲祀先人，豚肩不掩豆。

季公庾郎，二韭三韭。

脫粟布被，非敢為詐；蒸豆菜菹，勿以為訝。

食錢一萬，無乃太過。噫，可不忍歟！

■ 譯文

用節儉來修身養性，就不會有太大的憂慮；用節儉的原則治理家務，就不會有過多的要求。

人類所需要的物質，上天對其有一定的限量。就像夏天如果雨水太多，秋天就一定會有乾旱發生。

魯人用瓦盛粥送給孔子，孔子就像對待接受貴重的饋贈一樣對待它；晏嬰祭祀先人，所用祭品裝不滿器皿。李崇經常吃醃、煮韭菜，被門客戲稱為「二韭一十八」；庾之澄經常吃醃、煮、生韭菜，友人笑曰：「三韭二十七。」

公孫弘官至丞相，吃粗米，蓋布被，一點假都不敢做。粗茶淡飯，不必感到驚訝。每天吃飯用錢上萬，實在是太過分了。唉！勤勞節儉是修身治家之本，怎能不忍受儉樸的生活呢？

■ 活學活用：以儉治身，以儉治家

人能忍受儉樸的生活，也就沒有貪慾，沒有個人的私慾，為人才能正，為官才能清，才能抵禦奢侈之風的侵蝕。

一個人要是能以節儉修身，憂慮就會遠離；以節儉治家，就不會求助於人。

對於奢和儉的問題，古人是從儉拒奢的，無論是從其思想還是其行為都保持這一傳統。《勸忍百箴》也要求人們能夠忍奢就儉、勤勞工作，不要過分貪圖享樂。

儉樸的生活能培養一個人的浩然正氣。

齊景公在位期間，生活非常奢侈。晏嬰為了勸諫景公，自己生活非常清貧。景公很尊重晏子，不忍心他過平民一樣艱苦清貧的生活。有一天，趁晏子出使晉國不在家的機會，給他建了所新房子。誰知晏子一回來，就把新房子拆了，給鄰居們建房，把因給他建房而遷走了的鄰居們請回來。景公知道了，很生氣，說：「你不願打擾百姓、鄰居，那麼替你在宮內建一所住房行嗎？我想和你朝夕相處。」晏子一聽，急了，說：「古人說，受寵信要能知道自我收斂。您這樣做雖然是想親近我，但我卻會整天誠惶誠恐。我一個臣子怎能這樣做呢？那只會使我與您疏遠。」

景公無法強求，只好退一步說：「您的房子靠近鬧市，低濕狹窄，整天吵吵鬧鬧，塵土飛揚，不能居住。給你換一個乾燥高爽，安靜一點的地方總行吧？」

晏子也不接受，他連忙辭謝，說：「我的祖先就是世世代代住在這裡的，我能繼承這份遺產，就已經很滿足了，而且這地方靠近街市，早晚出去都能買到我所要的東西，倒也方便，實在不敢再煩擾鄉鄰而另外再建房了。」

景公聽了，笑著問：「靠近街市，那你一定知道東西的貴賤！」

「當然知道。百姓的喜怒哀怨，街市貨物的走俏滯銷，我都很熟悉。」

景公覺得有趣，隨口問道：「你知道現在市場上什麼東西貴？什麼東西賤？」那時，景公喜怒無常，濫施刑罰，常常把犯人的腳砍下來，因而市場上有專門賣假腳的。晏子想趁機勸諫景公，便說：「據我所知，假腳的行情看漲，而鞋子卻賣不出去了。」景公馬上收斂起笑容，臉色非常嚴肅，再不作聲。這事對他觸動很大。過了不久，他便下令減免刑罰。

一樁平凡的小事，一席平凡的交談，聰明的晏子卻能抓住機會，巧妙地勸諫景公，減免刑罰，免除了人民的痛苦和不幸！

晏子不僅勸告君主要忍奢侈行儉樸之風，而且還勸告君主應該減少刑罰，真正的為民辦事，這是他的賢能之處。

評語

生活在物慾橫流的商業社會的人們，一定要遠離奢侈，只有這樣才能成就大事。因為人一旦追求奢侈的生活，免不了就會貪贓枉法，而導致一失足成千古恨。

人們啊！由儉入奢易，由奢入儉難呀！安於平淡，克勤克儉吧，因為清廉自守，也是人高潔品質的一個方面。

第 47 章

貪

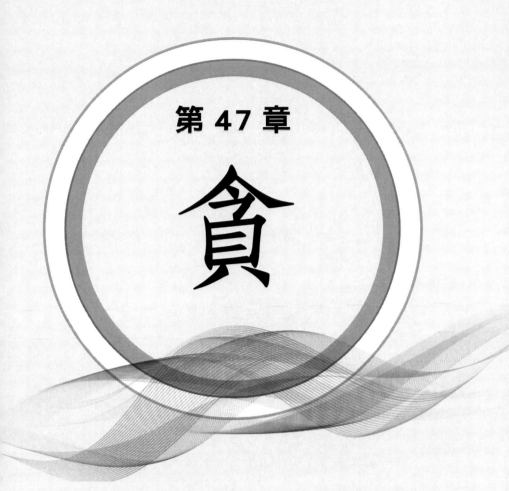

■ 原文

貪財曰饕，貪食曰餮。舜去四凶，此居其一。
紞如打五鼓，謝令推不去。如此政聲，實蓄眾怒。
魚弘作郡，號為四盡；重霸對棋，覓金三錠。
陳章武，傷腰折股。貪人敗類，穢我明主。
口稱夷齊，心懷盜跖。產隨官進，財與位積。
遊道聞魏人之劾，寧不有靦於面目。
噫，可不忍歟！

■ 譯文

貪財叫做饕，貪食叫做餮。舜除去的四凶中，饕餮就是其中之一。

鄧攸因在任刑政清明，百姓歡悅，後因病離職，百姓拉著他的船不放行。魚弘作郡太守的時候，搜刮的行為號稱「四盡」，安重霸下棋，意不再棋，是想收取賄金。

李崇、王元融背賜布，閃了腰，摔斷了腿。這種貪心之徒，侮辱了君王的名聲。嘴裡說著要清廉，可心像盜跖一樣。家產隨升官而增進，資財隨位高而累積，要是宋游道聽到別人彈劾他的這番話，難道不感到慚愧嗎？！唉！貪慾是人生的一大害，怎能不忍住貪慾的誘惑呢？

■ 活學活用：貪者敗類，不仁不義

貪慾是產生一切罪惡的根本。人一旦貪慾之心過重，就會心術不正，就會被貪慾所困，離開事物本來之理去行事，就會將事做壞、做絕，大禍也就隨之而來。所以我們務必要忍住貪慾之心。

一個人不能忍住心中的貪慾，什麼事情都會辦不好。受貪慾的影響，總是奢望自己能夠比別人占得多，能夠不勞而獲，稍不如人，便氣憤不已，只能看到眼前利益，有損人格不說，長遠的利益也同樣會失掉。

從前在蒙古國，有一個快活、機智的雲遊僧。一次，他路過草原，碰見一個牧民無精打采地走著，手裡拿著一條馬尾巴。

「你出什麼事了，為什麼這樣悲傷？」雲遊僧關切地問他。

「我遭到了不幸！」牧民傷心地說：「一群狼把我的最後一匹馬吃掉了，只剩下一條尾巴。你想想看，沒有馬我可怎麼活啊？」

雲遊僧聽了很同情，說：「把馬尾巴給我，你在這裡等著，我保證給你換回一匹比原先還好的馬。」

牧民把馬尾巴遞給了雲遊僧，就地等候。

雲遊僧拿著馬尾巴來到一個村子，那裡住著一個貪婪奸詐的王爺。雲遊僧在他的帳篷附近找了一個狐狸洞，使勁把馬尾巴塞進洞裡，用兩隻手抓著馬尾巴。

過了一會，王爺騎著一匹快馬疾馳而來，他看見雲遊僧的樣子很蹊蹺，便停下，好奇地問道：「你在這裡做什麼？幹嘛揪著馬尾巴？」

雲遊僧回答說：「我在這裡放馬，一不留心，牠鑽進洞裡去了。幸虧我跑得快，總算抓住了馬的尾巴，否則就要失去一匹好馬了。我先休息一下，就把牠拽出來。」

「是匹什麼馬，跑得快不快？」貪婪的王爺問道。

「牠跑起來像風馳電掣一樣，腳蹬子都磨壞了。牠的鬃毛像高山頂上的白雪，兩耳之間可以放置十頭駱駝，牠抬起前蹄往上一躥，鬃毛能觸到雲霄。」

世上哪有這樣的好馬！王爺聽了垂涎三尺，撲通一聲從馬背上跳了下來，推開雲遊僧，就去抓馬尾巴，還翻臉訓斥雲遊僧：「誰允許你在我帳篷周圍放馬的？立刻給我滾開！」

「唉喲，我的腳磨出血了，走不動路，請你給我想個辦法吧！」雲遊僧裝著可憐巴巴的樣子哀求道。

「你騎我的馬走吧！把馬尾巴給我。你給我滾遠一點，我不願意在我的帳篷周圍見到你了。」王爺吼叫著。

雲遊僧悻悻然騎上王爺的那匹快馬，一溜煙向草原跑去，跑到那個牧民跟前，把馬交給了他，自己又到各地雲遊去了。

機智的雲遊僧利用王爺貪婪的心理，以一匹只露出馬尾巴的莫須有的好馬誘他上鉤，結果換得了對方一匹好馬。

評語

見到利益，每個人都想得到多些，而且嫌少不嫌多，這是人們共同的人理。看到別人賺錢，自己也想發財，這也是正常的現象。但是君子愛財，取之有道，不能太過貪心，人過於貪則會被他人利用。身為官員，如果貪無止境，那麼他的政治前途也將要喪失；作為商人，如果太過貪心，那麼他很快就會敗下陣來，身處孤立的境地。

第 48 章

燥

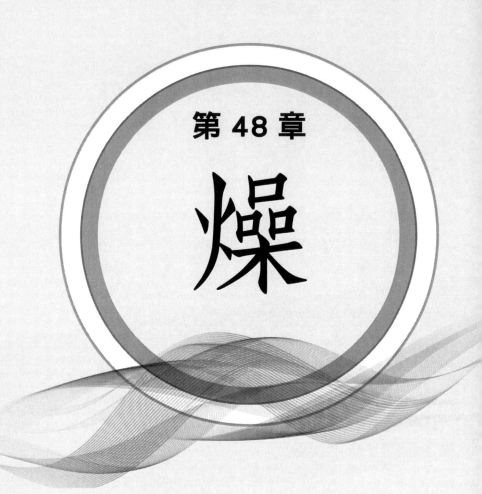

■ 原文

養氣之學，戒乎躁急。刺卵擲地，逐蠅棄筆。
錄詩誤字，嚙臂流血。覘其平生，豈能容物。
西門佩韋，唯以自戒。彼美劉寬，翻羹不怪。
震為決躁，巽為躁卦。火盛東南，其性不耐。
雷動風撓，如鼓爐鞴。大盛則衰，不耐則敗。
一時之躁，噬臍之悔。噫，可不忍歟！

■ 譯文

要培養浩然正氣，就需要戒掉急躁的性格。用筷子夾不起雞蛋就憤而把雞蛋扔到地上；為了驅趕蒼蠅，竟然扔下毛筆，抄起長劍；兒子抄字有誤，居然咬自己的手臂以至於鮮血直流。這種人在生活中又怎麼會寬容別人呢？

西門豹心知性急，因此常佩帶皮鞭以警惕自己。劉寬性情溫和，羹湯漬了衣服也不責怪。在《易經》中：震指東方，雷是決躁，巽指東南方，為木為風，為躁卦。巽是木，能生火，碰上靂風鼓動，就像風箱給爐裡煽風，火越燒越旺，到最後都難以撲滅。但是，物極必反，任何事物達到鼎盛的時候便開始衰落。一時的急躁換來的可能是終生的悔恨。唉！急躁是人性的弱點，它只會讓事物慾速則不達，我們一定要修身養性，戒除急躁啊！

■ 活學活用：養氣之學，戒乎躁急

一個人要想溫文儒雅、備具親和力，首先需要修身養性，以此來培養自己的浩然正氣。容人之量，保持自己的高遠志向，這一切的前提就是必須抑制急躁的脾氣、暴躁的性格。可能你深受急躁之害，上司交給你的工作你完全有能力按時保質完成，可是由於你的急躁到最後竟然搞砸了。

做事最忌急躁，人一急躁往往心就會浮，心浮自然就無法深入到事物的本質去仔細研究和認識對事物發展的規律。認識始終停留在事物的表象上。急躁心浮，辦事不穩，差錯自然就會增多。人不能心浮氣躁，靜不下心來做事，只能一事無成。輕浮氣躁會給你帶來無端的損失。

很久以前，魯昭公亡命於齊。一日，齊景公問昭公說：「你年紀輕輕就繼位，不幾天就亡命於他國，到底是怎麼回事呢？」

昭公回答說：「我一向受眾人喜愛，但是，現在喜愛我的人都離我遠去。因為，他們都曾極力勸諫過我，而我只當耳邊風，不認真聽；聽了，也是敷衍，不去付諸行動。結果，周圍只剩下逢迎拍馬、諂笑之輩，而沒有一個真正關心我的人了。我的情形就如同一棵秋草，當秋風勁吹時，我就不堪其力而折斷了。」

景公將這話傳給後來升為宰相的晏嬰，並問：「我想竭一己之力助昭公返回王位，該如何是好？」

晏嬰回答：「這是不可能的。失敗了才知道後悔的人，是愚蠢的人。比如走路事先不知問路而隨意走動，迷了路才向別人打聽；過河不知事前測量水的深淺，溺水後才後悔不迭。這就像遇到強敵了呀？」

評語

無論做什麼事，都要保持冷靜、從容鎮定，要牢記：「心急吃不了熱豆腐」，急切慌亂不但解決不了問題，還會白白延誤時間，於事無補。

第 49 章

虐

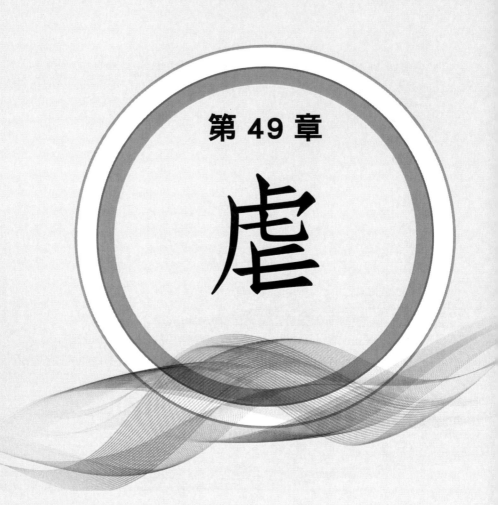

■ 原文

不教而殺，孔謂之虐。漢唐酷吏，史書其惡。
寧成乳虎，延年屠伯。終破南陽之家，不逃嚴母之責。
懇懇用刑，不如用恩；孳孳求奸，不如禮賢。
凡爾有官，師法循良。垂芳百世，召杜龔黃。
噫，可不忍歟！

■ 譯文

不經教化就殺人，孔子稱其是一種「虐」的行為。漢唐時期的酷吏，都被記載在史冊裡。寧成就像老虎一樣凶狠，嚴延年因生性凶殘被人稱為「屠伯」；前者始終未能免於家破人亡的宿命，後者也沒有逃脫母親的責備。

一味施行刑罰，倒不如施用教化；層層追查奸邪，還不如禮賢下士。凡是為官之人，當效法循規蹈矩的良臣，就像召信臣、杜詩、龔遂、黃霸那樣流芳百世。只有仁義待人才能得人心，暴虐待人只會自取滅亡。

■ 活學活用：暴虐待人，自取滅亡

為官之人，都應效法循規蹈距的良臣，像杜詩、黃霸那樣流芳百世。因為只有充滿愛心才能得人心，暴虐待人就像寧成之徒自取死亡。《勸忍百箴》告誡後人，做人一定要忍住心中的施虐之心。

古時候的虐待通常意義上單指虐行，在現代意義上的虐待範圍更加寬廣，只要是對他人產生危害，造成影響的行為皆可以稱為虐待。

西漢人嚴延年，字次卿，是東海下邳人。小時候學過法律，他人長得矮小精悍，辦事敏捷。漢宣帝時擔任了河南太守。冬天，他下令將所屬各縣的犯人集中於府上會審，犯人的血流了幾里地，河南人稱他「屠伯。」後來他因為殘暴無道，被殺，棄於市井。當初，嚴延年的母親從東海來，正好看見他殺囚犯，大驚失色，就停在都亭，不肯進兒子的府。

嚴延年出都亭去拜望母親，母親閉門不見。嚴延年脫帽叩首，過了好久母親才見他並責備他說：「你有幸得到郡守的職位，一個人管治千里之地，我沒聽說你推行仁義教化，卻用刑罰肆意殺戮，難道你是百姓的父母官？天理昭然，人不能只殺人而不被殺。我不願老了看見兒子被殺，我走了，等著給你掃墓吧……」過了一年多，嚴延年果然被殺。

俗話說：多行不義必自斃，天理昭然，好殺人者必被殺。

評語

善有善報，惡有惡報，不是不報，時辰未到，時辰一到，必定會報。施虐之心不可有，切記！切記！

第 50 章

驕

■ 原文

金玉滿堂，莫之能守。富貴而驕，自遺其咎。

諸侯驕人則失其國，大夫驕人則失其家。魏侯受田子方之教，不敢以富貴而自多。

蓋惡之釁，兆於驕誇；死亡之期，定於驕奢。先哲之言，如不聽何！

昔賈思伯傾身禮士，客怪其謙。答以四字，衰至便驕。斯言有味。噫，可不忍歟！

■ 譯文

金玉堆滿了屋子，沒有誰能夠守住它們。富貴而又驕橫奢侈，一定會自食其果。

君主或諸侯對人驕橫，就會失去自己的國家；如果大夫對人驕橫，則會失去他的領地。魏文侯謹記田子方的教誨，不敢因富貴之身而狂妄自大或目中無人。

所以，惡果以驕傲自誇為先兆；滅亡以驕奢出觀而注定。古代聖賢的至理名言，世人怎麼能不聽從不遵循呢？

賈思伯平易近人，禮賢下士，客人不理解其謙虛的原因。他只有四個字：「衰至便驕。」這句話讓人回味無窮。驕傲會使人落後、衰敗、甚至身亡。為人處世，人們怎麼能不忍一忍驕傲輕狂之心呢？

■ 活學活用：富貴而驕，自遺其咎

世人常說：謙虛使人進步，驕傲使人落後。因此，我們一定要忍住驕傲之心。「衰至便驕」這是《勸忍百箴》裡的千古箴言，又怎麼能忘記呢？

罪惡都產生於驕橫自大。驕橫自大的人，不肯屈就於人，不能忍讓於人。做領導的過於驕橫，則不可能很好地指揮下級；做下屬的過於驕傲，則會不服從領導。驕傲之心一有，好事變壞事。

明朝崇禎十年三月十九日，李自成率領大順農民軍開進北京城。京城百姓夾道歡迎，崇幀帝吊死在煤山。

大好的形勢，使不少農民起義軍的領袖們開始自我陶醉了，也隨之產生了驕傲輕敵的思想，以為只要舉行了皇帝即位典禮，表明天命歸順，天下就可以領詔而定。在京的文武官員都忙於籌備皇帝即位典禮。

以劉宗敏為首的武官則忙於追贓助炯，在京城的相官按官位大小，攤派餉銀，多者十萬，少者數千，如有不交者，則嚴刑拷打。追贓風從北京波及各地，追贓範圍競擴大到幕僚小吏以至於商人，手段也日益殘酷。

這時，已經答應歸順李自成的明寧遠總兵吳三桂等重要將領，正帶領部眾向京師進發。行至半途，吳三桂得知義軍在京大肆追贓，嚴刑拷打眾官，自己的老父也受酷刑將死，愛妾陳圓圓又被劉宗敏強占，於是大怒叛變，率部眾回師東退。

吳三桂重占山海關後，以「為君父復仇」為名，出賣民族利益，要求清統治集團出兵，聯合進攻北京農民起義軍。

李自成退回北京以後，清軍跟蹤而至，李自成匆忙稱帝之後，率軍西退，最後以失敗告終。才取得一點成績就被勝利衝昏頭腦，最終導致自己的失敗，因此，成功與失敗往往只有一步之差。

評語

驕傲是擊潰成功最鋒銳的利器，面對可能給自己帶來災難的驕傲之心怎能不忍呢？

第 51 章

矜

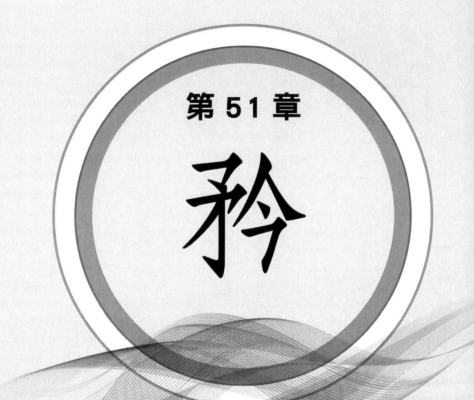

■ 原文

舜之命禹，汝雅不矜。說告高宗，戒以矜能。
聖君賢相，以此相規。人有寸善，矜則失之。
問德政而對以偶然之語，問治狀而答以王生之言。
三帥論功，皆曰：臣何力之有焉。為臣若此，後世稱賢。
文欲使屈宋衙官，字欲使羲之北面，若杜審言名為虛言。噫，可不忍歟！

■ 譯文

舜告誡禹，你應該溫雅而不自大。傳說也曾教導高宗，切勿炫耀自己的才能。聖明的君主和賢能的臣相都是以此來相互規勸和勉勵的。人如果有了一點善行就自誇，那點善行就會馬上喪失。

東漢劉昆治郡有方，皇帝問他施行了何種德政，他卻說純屬偶然；西漢龔遂也因治郡有方，皇帝問他是什麼好辦法，他用屬下王生之言答曰：「這是聖明君主德行的感召。」三位大帥在論功時，都說自己無功。這樣的臣子，後人稱為賢能。

杜審言自吹說：「我的文章應該讓屈原、宋玉来做我衙門的小官，我的字應該讓王羲之北面朝拜。唉！面對一點小成就，人們怎能不忍住自負誇耀之心呢？

■ 活學活用：人有寸善，矜則失之

真正有才能之人，總是把自己的能力隱藏起來，不讓其外泄，就像舜、禹、劉昆等都是矜持穩重之人。矜持地為人處世，更能讓你左右逢源。在這個指揮欲強烈的社會裡，如果你想把事辦成，就需要你以矜持的姿態出現在對方面前，表現得謙虛、平和、憨厚、甚至畢恭畢敬，讓對方覺得比你聰明，在談事時也就會放鬆自己的警惕性，這正是促使你成事的大好時機。

成大事的人務必要在別人面前表現矜持，從而讓對方從心理上得到一種滿足，產生與你合作的願望。當你表現出大智若愚來使對方陶醉在自我感覺良好的氣氛中時，你就已經受益匪淺了，接下來的事情都會順著你的意思發展下去。

唐代的杜審言，字必簡，是杜子美的祖父。襄州人。唐中宗時做修文館學士。因為有才就很傲慢，曾對人說：「我的文章很好，應讓屈原、宋玉來做我的衙役，我的字足以讓王羲之北面朝拜。」

這樣誇耀自己，後人都說他自誇自大，說話太狂，並不認為他有什麼好的。因為一般公認屈原、宋玉的文章，超過古今一切文章，王羲之的字，也是天下舉世無雙的好字。

評語

為了更好地在社會上獲得生存空間，把事辦成、辦好，為什麼不放棄咄咄逼人的氣勢而以矜持的姿態出現在別人面前呢？

第 52 章

修

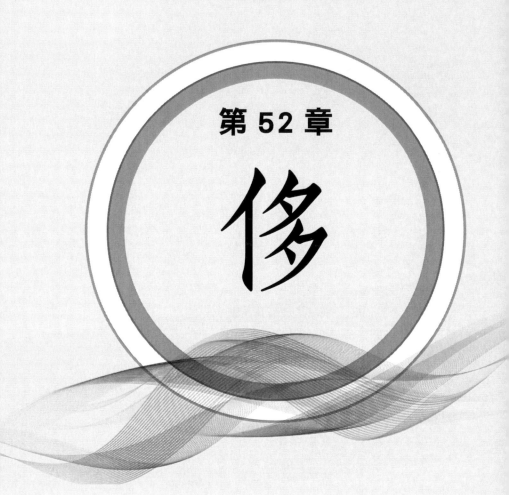

■ 原文

上天賦予人，名位利祿，莫不有數。
人受於天，服食器用，豈宜過度。
樂極而悲來、禍來而福去。
行酒斬美人，錦幛五十里，不聞百年之石氏；
人乳為蒸豚，百婢捧食器，徒詫一時之武子。
史傳書之，非以為美，以警後人，戒此奢侈。
居則歌童舞女，出則摩　結駟。
酒池肉林，淫窟屠肆。三辰龍章之服，不雨而霤之第。
廝養傅翼之虎，皂隸人立之豕，僭似王侯，薰炙天地。
鬼神害盈，奴輩到財。巢覆卵破，悔何及哉！噫，可不忍歟！

■ 譯文

上天賦予人們的名位利祿都有一定的數量，人們從上天接受的衣服、食物、器具，又怎麼能超過限度呢？樂極而生悲，禍來則福去。

石崇喜歡用美人向客勸酒，如客人不飲，勸酒女將被腰斬。石崇與王愷鬥富，王愷做長達四十里的紫絲步障，石崇就作長達五十里的錦布障來相比。但也沒聽説石崇一族延續不斷呀！

晉人王濟用人乳蒸豬，眾女婢手撫食器侍奉宴席，但他也只不過是讓世人驚詫於一時。史書將這些事情記載下來，並不是稱讚，而是警示後人戒除奢侈。

晉人賈謐在家有歌音舞女相伴，楚王出門則車輛結隊。紂王以美酒作池，用肥肉造林，居室如淫窟，廚房如屠場。唐王元寶用金銀修房子，用銅錢裝飾小路。更有人雖無一官半職，但也能身著繡有日月星辰及山龍華蟲彩繪的尊貴之服，沒有雨水卻在住宅裝置漏雨的裝飾。奴僕、賤人得志，就好比添翼之虎，直立而行的野豬，權自比王侯，勢盛傾動天地。鬼神降禍給奢侈者，奴僕見財眼開。待到巢覆即破的時候，真是後悔極了。唉！奢侈過度，人神共憤，怎能不忍住奢侈安逸之心呢？

■ 活學活用：樂極悲來，禍來福去

貪戀酒色，生活奢侈，如果是一個國君，只要占有一樣就可以讓他亡國。上天賦予人的名利，早就有了定數，是不宜過度的，否則只會樂極悲來，禍來而福去。一個人有了奢侈的思想，其靈魂就會受到侵蝕，貪慾也就會越來越大。

王愷是文明皇后的弟弟。石崇曾經和王愷相互競爭奢侈，王愷以紫色的絲做布障，長達四十里；石崇就做錦步障五十里來和他比。石崇後來被趙王司馬倫所殺，母親、哥哥和妻子兒女都被殺害。史家下結論說：石崇知識廣博，見多識廣，但做事從不後悔，富貴比得過當時四豪，豪華蓋得過五侯。菜園綠色一片像春天一樣，但季節卻是冬天；錦障連綿不斷，在山川之外隱約可見。

石崇因為生活奢侈腐化太過的緣故，被朝廷逮捕。石崇嘆息說：「這只不過是小人想瓜分我的財產罷了！」逮捕他的人說：「你既然早知道財富是禍害，為什麼不早早地散掉它呢？」石崇無言以對，被處斬刑。

自認為聰明一世的石崇，竟沒想到錢財會使其致命。

評語

奢侈之風一有，人的思想就會受到侵蝕，貪慾也會越來越大，那麼災難也就接踵而來了。能不忍嗎？

第 53 章

勇

■ 原文

暴虎馮河，聖門不許；臨事而懼，夫子所與。
黝之與舍，二子養勇，不如孟子，其心不動。
故君子有勇而無義，為亂；小兒有勇而無義，為盜。
聖人格言，百世詔誥。噫，可不忍歟！

■ 譯文

勇而不怕死的人，孔子是不太贊成讓其帶兵打仗的。孔子認為，遇事謹慎思考而不輕舉妄動的人，才能把事情辦好。

北宮黝的勇氣在於與人相拚志在必勝；孟施捨的勇氣在於無所畏懼，他們的勇氣都有片面性。孟子的盡心知性才是根本之道。

如果君子有勇氣，卻缺少道義，便會興風作亂；小人有勇氣卻沒有道義，便會淪落為盜賊。這是聖人對後人的告誡，人們應該謹記於心。唉，義理之勇不可無，血氣之勇不可有，人們怎能不忍住魯莽之心呢？

■ 活學活用：臨事而懼，夫子所與

小勇之忍，就是有勇而不妄為。為人謹慎而不衝動遇事不盲從，不草率決定，三思而後行，不因一時的意氣行事，招致無端的麻煩。

當今社會是一個講究智慧的社會，血氣之勢不可怕，即使你有一定的能耐也不要逞強，做事還是應該量力而為，謹慎行事給自己留有餘地，這樣才能進退自如。一個人恃勇行事，不經意間就會高估自己，因而輕視對手，使自己處於不利之地。

有勇無謀是匹夫之勇，不僅做事容易急躁、冒險，而且常常是無視法紀，膽大妄為，這樣的匹夫之勇是不值得提倡的，是應該忍耐、克制的。大智大勇，能忍住一時的激憤，一時的衝動，不憑勇妄動，而是等待時機，最終獲勝。唉！

匹夫之勇怎能不忍呢？

兩位武士偶然在樹林裡相遇了，他們同時看見樹上的一面盾牌。

「呀！一面銀盾！」一位武士叫起來。

「胡說！那是一面金盾！」另一位武士說。

「明明是一面銀製的盾，你怎麼硬說是金盾呢？」

「你強詞奪理，那明明是一面金盾！」

「我們倆素不相識，你把銀盾說成金盾，是不是故意跟我過不去？」説罷，那看見銀盾的武士手握劍柄，準備決鬥。

「你才是故意與我為敵，明明是金盾，偏偏説成是銀盾！」那看見金盾的武士「唰」地一聲拔出劍來。

於是，兩位武士在樹林中，展開了慘烈的決鬥，最後兩人都受了致命的重傷。當他們向前倒下的一剎那，才看清了樹上那個盾牌，一面是金的，一面是銀的。

評語

這是什麼樣的一種勇猛呀，在沒有弄明白事情的真相之前就大打出手，弄得頭破血流。我們不應該引以為戒嗎？

第 54 章

直

■ 原文

晉有伯宗，直言致害；雖有賢妻，不聽其戒。
札愛叔向，臨別相勸；君子好直，思免於難。
直哉史魚，終身如矢。以屍諫君，雖死不死。
夫子稱之，聞者興起。
時有汙隆，直道不容。曲而如鉤，乃得封侯。
直而如弦，死於道邊。枉道事人，隳名喪節；
直道事人，身嬰本鐵。噫，可不忍歟！

■ 譯文

晉國有一個大夫伯宗，因好直言而受陷害。雖有賢妻相助，卻也不聽勸告。季札與叔向為友，臨別時勸誡叔向：你喜歡直言，當考慮避免災難。

正直啊，史魚！終生耿直如箭矢一樣。人死了還要用屍體來諫君，雖死猶生。孔子對其表示了極高的稱頌，聞者紛紛效仿。

歷史上常有邪妄興盛之時，此時正直之士往往不為人所容。彎曲如鉤者被封侯，而正直如弦者卻死於道邊。違背正直逢迎權勢，當然便會喪失名節；而以正直之道供職，則有可能身被刑具。唉！當汙道盛行時，正直之人怎能不忍住率直之行呢？

■ 活學活用：正直不阿，因人而異

如果你不清楚自身所處的環境，過分直露自己的見解，會招致別人的妒恨。但也不是說因此而不分曲直是非，什麼事都一味地說好。

在對別人提出自己的看法或是意見的時候，要盡量採用別人可以接受的方法。

來正直之士讓人敬佩、讚揚，他們往往置自身性命於不顧而去為民請命。如果僅就個人利益而言，他們完全可以忍耐住自己的個性；但是為黎民百姓著想，為社稷江山考慮。不僅沒有坐視不管，反而是忠心勸上，直言相犯。要知道伴君如伴虎，隨時是有生命危險的，何況還要直言進諫呢？他們無視生死，為民請命，雖其行為流芳千古，可也讓自身早早命喪黃泉。東漢《五行志》記載：順帝晚年，京都流傳一首童謠說：「正直如弦，死於道邊；彎曲如勾，反而封侯。」後來，梁翼獨把朝政，李固被長期關在獄中而死，死後屍體被扔在路邊，無人收拾，而胡廣、趙戒卻都被封了侯。前面童謠說的內容，全都應驗了。李固、杜喬等人，都有做將帥的才能，但就是因為堅持道義，被別人誣陷，被逮捕並且死在獄中；而胡廣、趙戒等人，沒有自己的原則立場，一味順從，反而得到了寵信。

正直的人啊，在直言的時候，你一定要審時度勢，聽從別人的勸告，耐住性子，忍住直言的個性，先保護好自我，然後再圖發展。

評語

為人處世，一定要避其鋒芒，如果你的周圍是小人當道，即便你覺得不好，也不要直言相對。

第 55 章

急

■ 原文

事急之弦，制之於權。
傷胸捫足，盜印追賊。
詐梅止渴，抶背誤敵。
判生死於呼吸，爭勝負於頃刻。
蝮蛇螫手，斷腕宜疾。
冠而救火，揖而拯溺，不知權變，可為太息。
噫，可不忍歟！

■ 譯文

有些事情突然來臨，就像在弦之箭，令人措手不及，這時必需用權變來處理解決。劉邦被項羽射傷胸部，卻謊稱射中了自己的腳趾頭，以此來穩定軍心。司農段秀實偽造姚令言兵符，蓋上司農印符，以解燃眉之急。曹操以計騙士兵們使之望梅止渴；李穆鞭打主帥以欺騙追兵。

呼吸之間決定生死，頃刻之際分出勝敗。蝮蛇咬傷了手，應迅速砍斷手腕。穿戴整齊了才去救火，放好船楫慢吞吞地去救落水之人，不知道當機立斷，不懂得權變，真是令人嘆息。面對危急之事，人們怎能不忍住驚慌失措之心，以求應變之機呢？

■ 活學活用：隨機應變，化險為夷

通常危急情況發生時，人們往往表現出一定程度的吃驚、恐懼、慌亂，這些現象是一個強者絕不能容忍的。想成大事，在危急時刻，要沉著、鎮定、果斷、自信，不為危難所嚇倒。當然，僅僅如此還遠遠不夠，我們應該清醒的分析危難發生的情勢，要耐住性子，隨機應變，引導著事情向有利於自己的方向發展或是從災難中脫身而出。

東漢的時候，大司馬吳漢率軍討伐建都成都、割據一方的公孫述，進入成都地區。

漢光武帝劉秀曾告誡吳漢說：「成都的敵人擁兵有十幾萬之眾，不可以輕視他們，打下廣都，要固守。如果敵人來進攻，不要和他們進行正面決戰，如果敵人不出兵，你則要想辦法逗他來進行決戰，時間一長，敵人疲憊了，毫無鬥志的時候，我們再大舉進攻。」一戰下來吳漢大敗。在這危急關頭，吳漢召集部將們說：「我們經過千辛萬苦，轉戰幾千里，節節勝利，終於攻入敵軍腹地成都。現在不幸被圍困於此，無法於外界聯繫，現在只有大家齊心協力，奮勇抵抗，才能轉危為安，否則，只有死路一條了，各位，成敗在此一舉了。」於是吳漢關門閉戶三天堅持不再出戰，同時以酒肉款待將士，餵足戰馬，以逸待勞。

在寨中增設戰旗，大放煙火，迷惑敵人，夜裡則趁敵不備，悄悄與友軍會合，協力殺敵。

戰場上要沉著鎮定，才能夠取勝，商場上，日常生活中又何嘗不是如此？

評語

事情危急的時候，如能夠以權變靈活的方法處理，便會絕處逢生或獲得勝利，否則就會置於死地。

第 56 章

死

■ 原文

人誰不欲生，罔之生也，幸而免；自古皆有死，死得其所，道之善。

岩牆桎梏，皆非正命；體受歸全，易簀得正，

召忽死糾，管仲不死，三釁三浴，民受其賜。

陳蔡之厄，回可敢死！仲由死衛，未安於義。

百金之子不騎衡，千金之子不垂堂。非惡死而然矣，蓋亦戒夫輕生。噫，可不忍歟！

■ 譯文

有誰不想好好活著？但活著卻不遵循天理，只能說是僥倖活著。自古以來，有誰能夠逃脫死呢？但只要死得有價值，那就是一種道了。

被牆壓死或被誅殺，這樣的死是毫無價值的。從父母那得來的身體應完好地歸還。曾子病重仍掙扎著起來換下季孫送給他的蓆子，並說：「我可以心安離去了。」召忽因公子糾而死，但參與其事的管仲卻免遭厄運。不僅如此，齊桓公還三次洗浴，三次熏香以隆重迎接管仲歸國為相，管仲為相後，使民眾受到他的恩澤。

孔子被困在陳蔡，顏淵後來才趕來，孔子說：「我以為你死了呢？」顏淵回敬道：「您在，我怎麼敢輕易去死呢！」仲

由因參與宮廷鬥爭而死於衛國，孔子認為他死得沒有意義。

家有百金的後代不騎在欄杆上玩，千金之家的後代不坐在堂邊。這不僅僅是因為他們怕死而這樣，亦告誡人們勿輕率行動。捨身取義，死而無憾，但沒有意義的輕生，也不可取。唉！在生死面前，還得三思而後行啊！

■ 活學活用：自古有死，死得其所

人生何其短，屈指一算，也就百十年，好好珍惜短暫的時光，熱愛生活，對自己說：「活著，真好！」

每一個人都渴望生存，但自古以來，有誰能夠逃脫死呢？如果死得有價值，也就沒有什麼可遺憾了。要是死得毫無意義，為什麼不好好珍惜生命呢？

《勸忍百箴》告誡人們：值得死時在所不惜，不值得死時切忌用生命開玩笑。

他站在一座五十尺高的橋上，橋下是湍急的河水。他點上最後一根菸——因為他就要離開這個世界了。

一條生路也沒了，他做過各種嘗試，例如曾經縱情於感官的享受，四處遊蕩，尋找刺激，酗酒和吸毒。而現在他又遭到最後的致命打擊——婚姻失敗。沒有一個女人能忍受他一個月，因為他要求太多，而從不付出。河水是他最好的歸宿了。

這時一個衣衫襤褸的人走過他身旁，看到他站在黑暗中說：「給一毛錢喝杯咖啡吧，先生。」他在陰影中笑了起來，一毛錢？現在一毛錢能做什麼？「沒問題，我這有一毛，老兄，我的錢還不少哩，」他掏出皮夾，「在這，拿去吧。」皮夾裡大概有一百塊錢，他把錢拿出來，塞給那個流浪漢。

「這是做什麼？」流浪漢問。

「沒什麼，因為我去的地方，用不著這個了。」他往下瞥了一眼河水。流浪漢拿著鈔票，站在那裡不知所措了一會，然後跟他說：「不行，先生，你不能那麼做。我雖然是個乞丐，但可不是懦夫，我也不拿誰的錢。帶著你的錢去吧！一起跳河吧。」他把鈔票丟過欄杆，一張張隨風飄動，紛紛四散，慢慢地落進了河水中。「再見，懦夫。」流浪漢掉頭就走了。

想自我了斷的人這時如夢初醒，他突然希望那個流浪漢能得到那些丟掉的錢，他希望付出——可是卻辦不到！付出！對了，就是這個！他以前從來沒有試過這個，付出！就能快樂。

他向河水看了最後一眼，然後離開那座橋頭，去追趕前面的那個流浪漢……好在他沒有跳下去，而是勇敢地面對生活，活著就好，就有希望。

評語

在生命的歷程中，每個人在不同的階段，面對不同的環境，會有不同的追求和不同的感嘆。在我們遭遇挫折時，在心中對自己說：沒什麼大不了，失敗了從頭再來，沒有什麼能讓我放棄生命。

第 57 章

生

■ 原文

所欲有甚於生，寧捨生而取義。

故陳容不願與袁紹同日生，而願與臧洪同日死。

元顯和不願生為叛臣，而願死為忠鬼。

天下後世，稱為烈士。讀史至此，凜然生風。

蘇武生還於大漢，李陵生沒於沙漠，均為之生，而不得並記於麟閣。

噫，可不忍歟！

■ 譯文

所抱志向超過生命的人，往往能捨身取義。

因此有陳容不願與袁紹同日生，而寧可和臧洪同日死的事。元顯和不願活著當叛徒，而甘願死而做個忠鬼。普天后人稱他們為烈士。讀史至此，依然能感受到他們的凜然正氣。

蘇武牧羊，仍能保持節操到漢廷，李陵兵敗被俘，貪生怕死，降於匈奴。他們都保住了性命，但李陵變節投敵，客死沙漠，而蘇武卻生在長安，他的畫像供在麒麟閣受人敬仰。唉！生命誠然可貴，但為了道義，又怎能乞求苟活呢！

■ 活學活用：志向遠大，捨生取義

對於生之忍，就是要明晰生的意義和目的。人在世上，不能生無正理，死無正道，這樣的生不足取，死也不足取。

對人而言，還有什麼比生命更寶貴？但是當你周圍盡是奸人、小人的時候，是不降以志，還是苟且偷生？面對著敵強我弱、寡不敵眾的嚴峻情勢，是不受脅迫、勇於抗爭，還是屈於強勢？是值得我們深思的。

歷代仁人志士，不惜拋頭顱灑熱血，寧為玉碎，不為瓦全，絕不失義而偷生的例子不勝枚舉。

袁紹帶兵圍攻臧洪。攻打一年多，糧食沒有了，城也被攻破了，臧洪被活捉。袁紹對臧洪說：「現在你服了嗎？」臧洪坐在地上，怒視袁紹說：「袁家人為漢朝做事，四代有五人被稱為公，可以說是受了漢朝的恩德。現如今王室力量衰弱，你不僅沒有幫助的意思，反而多殺賢良之臣，來樹立自己的威風。可惜我力量弱小，不能為天下人報仇，哪裡還談得上服？」袁紹於是殺了他。臧洪的同鄉陳容當時也在場，他對袁紹說：「將軍做的是天下的大事，是要為天下百姓除暴，現在你卻先殺忠義之人，豈能合乎天意！」袁紹惱羞成怒，讓人把陳容也拉出去。陳容回頭說：「仁義，它就是君子；違背它，就是小人。如今我寧願和臧洪同一天死，也不願和你這樣的人共存！」於是也被殺了。

他們人雖死了，但他們的忠義英風，仍活生生地存留世上。

評語

人生有生則有死，切不可把生看得過重，也不可把死看得過重，豁達於生死的人，則能怡然自在地生存。生死皆能忍，則既能捨生取義，也可存命保身，不留罵名。人生在世也不過百年光景，我們應該珍惜生命。

第 58 章

滿

■ 原文

伯益有滿招損之規，仲虺有志自滿之戒。夫以禹湯之盛德，猶懼滿盈之害。

月盈則虧，器滿則覆，一盈一虧，鬼神禍福。

昔劉敬宣不敢逾分，常懼福過災生，實思避盈居損。三復斯言，守身之本。

噫，可不忍歟！

■ 譯文

伯益有「滿招損，謙受益」的規勸；仲虺有「德日新，萬幫唯懷；志自滿，九族乃離」的告誡。像大禹和商湯這樣盛德的人，仍然時時心懷自滿招損的恐懼，不斷在行為上鞭策自己。

月亮到了月圓時，就會逐漸走向缺損；器具裝得太滿就會傾覆。盈虧福禍，非人力能控制，而是由鬼神的意志來主宰。

晉劉敬宣不敢有超越本分的行為，常擔心福滿而招來災害，總想著如何避開富足而處於不足之中。若人們都能做到他們這樣，那麼肯定能安身立命了。唉！人們怎能不遵循謙遜而忍住自滿之心呢？

■ 活學活用：滿則招損，謙則受益

人真正的謙虛不是表面的恭敬、外貌的卑陋，而是發自內心的謙和。自滿之徒到頭來只會導致失敗，謙虛之人才能得到益處。這是永遠不變的真理。

泰國前總理川立派八十六歲的母親川梅，是一個擺食品攤的小販。她閒不住，雖然高齡了，還在曼谷的一家市場內擺攤賣蝦仁、豆、豆餅、麵餅。她說：「兒子當了總理，那是兒子有出息，與我擺攤並沒有什麼矛盾。我不覺得有什麼丟人的，我很喜歡擺攤，在這裡，能見到很多的老朋友。」

川梅最高興的事，就是看到兒子下班回家後狼吞虎嚥吃她親手做的豆腐。泰國的媒體稱讚說：「一個來自平民階層的平凡母親，教育出一名以其誠實正直而受人尊敬的總理。」而川梅在面對記者時卻謙遜地表示：「我其實沒有做什麼，我只不過在他小時候教導他做人必須誠實、勤勞和謙虛，我從不打罵他，但我也記不得他有哪件事讓我失望。」

與川梅的謙虛不同的是，世界上還有很多自以為是、沾沾自喜、自高自大的人，這類人往往目光短淺，猶如井底之蛙。

評語

防止自滿情緒產生，就要不斷完善自我，不被表面的風光所陶醉，頭腦要保持清醒。請牢記：「謙受益，滿招損！」

第 59 章

快

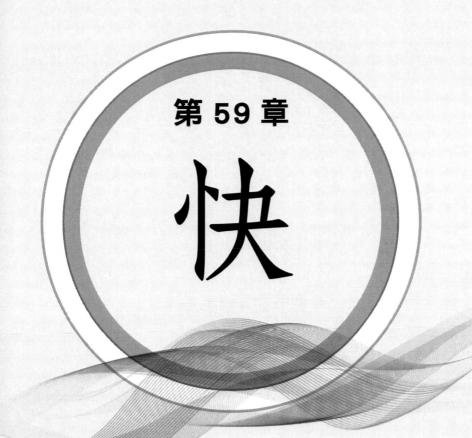

■ 原文

自古快心之事，聞之者足以戒。秦皇快心於刑法，而扶蘇嬰矯制之害；漢武快心於征伐，而輪台有晚年之悔。人生世間，每事欲快。快馳騁者，人馬俱疲；快酒色者，膏肓不醫；快言語者，駟不可追；快鬥訟者，家破身危；快然諾者，多悔；快應對者，少思；快喜怒者，無量；快許可者，售欺。與其快性而蹈失，孰若徐思而慎微，噫，可不忍歟！

■ 譯文

自古隨心所欲的事，往往會產生極其不好的後果，人們聽說後都會引以為戒。秦始皇隨心所欲於刑法，而扶蘇遂受害於矯詔。漢武帝追求征伐攻戰時的快感，到晚年才幡然悔悟。人生在世，總想去做能讓自己快心快意的事情，可是求一時之快往往帶來的是不可料想的後果。追求騎馬飛奔快樂的，往往令人馬俱疲；追求美酒和美人的，往往會病入膏肓，無藥可醫；追求快語多言之樂的，往往會言多必失，後悔莫及；追求打鬥和爭吵時快樂的，往往會惹禍上身，甚至家破人亡；高興給別人許諾之人，往往會後悔不迭；以輕率當為樂事的，往往是缺乏思考的；經常喜怒無常的，往往是心胸狹窄之人；輕易答應別人請求的，輕浮欺騙者居多。與其隨心所欲而導致失誤，不如謹慎思考而又細緻入微。唉！

人們怎能不忍住追求快意之心呢？

■ 活學活用：放任自己，自掘墳墓

做事不能隨心所欲，光憑著自己的性子去做事，而不看清身邊的人和周圍的環境，到頭來吃虧的還是自己。

西漢漢武帝在位期間，窮兵黷武，一意征伐邊境上的國家。到了晚年，桑弘羊對漢武帝說，輪台東有溉田五千多頃，可以派屯田的士兵，設置校尉官，招募老百姓中身體壯實願意遷去的人到那裡去開墾屯田。

並可以築亭障以威懾西方的國家。漢武帝於是下詔書陳述以前的過錯，說：「以前有司上書建議讓老百姓交賦三十以助邊防之用，這是加重了老百姓和一些老弱孤獨者的苦難。現在又有人建議派士兵屯田輪，修築亭障，這是侵擾天下的百姓，不是關心百姓。我不願意聽這樣的建議。」司馬光說：「漢武帝晚年能夠改正錯誤，將政權交給合適的人，這就是為什麼他

有秦國滅亡的失誤而終於能避免像秦國滅亡的結局的原因。」

評語

每一個人都希望順從自己的心意去做使自己快心快意的事情，可是，求一時之快，帶來的往往是不可料想的後果。因此《勸忍百箴》告誡我們，快人心意雖然是人們所追求的，但是求一時之快卻要作好承擔禍害的準備，既然求快意會給自己帶來災難，為什麼不忍住追求快意之心呢？

第 60 章

取

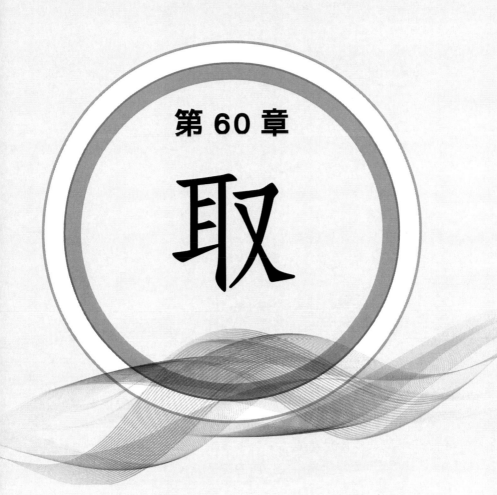

■ 原文

取戒傷廉，有可不可。齊薛饋金，辭受在我。
胡奴之米不入修齡之甑釜，袁毅之絲不充巨源之機杼；
計日之俸何慚，暮夜之金必拒。
幼廉不受徐乾金錠之賂，鍾意不拜張恢贓物之賜。
彥回卻求官金餅之袖，張奐絕先零金鐻之遺。
千古清名，照耀金匱。噫，可不忍歟！

■ 譯文

獲取東西的時候，一定要避免有傷廉潔。有時可以取，有時不能取。齊、薛國饋贈的黃金，收還是不收完全在於你自己的判斷。

陶胡奴饋贈之米，不為王修齡所接受；袁毅所送賄賂之絲，被山濤束之高閣；楊震的生計仰仗計日發放的俸祿而無所慚愧，晚上送來居住的賄金斷然予以拒絕。

李幼廉不接受犯人徐乾黃金美女賄賂；鐘離意拒收皇帝賜給的貪官的贓物；褚淵拒絕求官者賄賂的金餅；張奐回絕先零酋長贈送的黃金。他們的高風亮節備受人們稱讚，名垂千古。唉！面對不義之財，人們怎能不忍住貪慾之心呢？

■ 活學活用：君子愛財，取之有道

君子愛財，要取之有道，不要因貪欲而取不義之財。

生活中，我們時常能看到請客送禮之風盛行，這是因為清廉之心不夠堅強。殊不知，吃人嘴短，拿人手軟是需要為人「降災免禍」的。這些完全是不知忍取之心造成的。為了一己私慾，有時候是需要付出慘重代價的。

正是青黃不接的初夏，一隻母老鼠掉進一個盛得半滿的米缸裡。這飛來的口福老鼠自然不會放過。但餓慌了的牠仍是十分警惕的。上一回自己的三個孩子因為貪吃涵洞裡的玉米而斃命。剛從悲哀中緩過神來的牠這回多了一個心眼，先用舌頭舔一舔表層的米粒，幾個時辰以後，發現自己仍然口不乾舌不燥頭不疼，反倒覺得有點多慮了。接下來自然是飽吃一頓，吃完後倒頭便睡。

不知不覺中，豐衣足食地過了好長一段時間。有時，牠也想跳出來算了，但一想到這麼多這麼好的白米，嘴裡便停不下來。直到有一天，牠發現米缸見了底，才覺得現在這樣的高度是自己難以企及的了，心裡不由得發了慌。

這樣下去的結果自然只有兩個，不是成了主人的棒下鬼，就是餓死缸中。

評語

世人呀，警醒吧！如果你有心獲取不義之財，趕快收斂你的行為，因為法網永遠不會漏過任何一條有罪之人。因此，面對不義之財的誘惑，怎能不忍住貪慾之心呢？

第 61 章

與

■ 原文

富視所與，達視所舉。不程其義之當否，而輕於賜予者，是損金帛於糞土；不擇其人之賢不肖，而濫於許與者，是委華背衮於狐鼠。

《春秋》不與衛人以繁纓，戒假人以名器。孔子周公西之急，而以五秉之與責冉子。

噫，可不忍歟！

■ 譯文

評價一個人的行為舉止是否妥當，是否合乎情理，要看他在富貴時將財物送給什麼樣的人；在做官時，要觀察他薦舉什麼人。不權衡道義上的應當與不應當，而一概輕率地給予財物，則和將金幣丟在糞土中沒什麼兩樣；若隨便的推薦官員而不管其是否賢明，則不亞於將華麗的衣服穿在狐鼠等動物身上。

《春秋》記載，衛國賜給於奚曲懸和繁纓，由此而引來孔子「可惜也，還不如多給城邑，唯名與器不可給人」的警告。孔子接濟公西赤出使齊國所急需的物品，冉求卻私下送了五秉，超過了孔子答應的數量而受到責備。唉！為人慷慨大方是值得稱道的，但是，人們怎能不忍住隨便施捨給與之心呢？

■ 活學活用：富視所與，達視所舉

君子在給予別人恩惠的時候，應該考慮道義上的當或是不當，如果一概輕率地給與，這就好比將金銀扔在糞土之中沒什麼兩樣。沒有實質性的幫助到別人，反而可惜自己的一片心意，有時甚至會招來煩惱。

從前有位善良的富翁，蓋了一棟大房子，他特別要求建築師，把那四周的房檐，建得加倍的長，使貧苦無家的人，能在下面暫時躲避風雪。

房子建成了，果然有許多窮人聚集檐下，他們甚至擺攤子做起買賣，並生火煮飯。嘈雜的人聲與油煙，使富翁不堪其擾；不悅的家人，也常與住在檐下的人爭吵。

冬天，有個老人在檐下凍死了，大家罵富翁不仁。

夏天，一場颶風，別人的房子都沒事，富翁的房子因為屋簷特長，居然被掀了頂。村人們都說這是惡有惡報。

重修屋頂時，富翁要求只建小小的房檐，因為他明白施人餘蔭總讓受施者有仰人鼻息的自卑感，結果由自卑變成了敵對。

富翁把錢捐給慈善機構，並蓋了一間小房子，所能蔭庇的範圍遠比以前的房檐小，但是四面有牆，是棟正式的屋子。許多無家可歸的人，都在其中獲得暫時的庇護。

沒有幾年，富翁成了最受歡迎的人。他死後，人們為繼續受到他的恩澤而紀念他。的確，施人餘蔭、過多地庇護會使人產生自卑感，而更可悲的是，這種自卑感，還會演變成敵對情緒，這正是許多朋友反目成仇的原因之一。

評語

君子當濟不足，不該續有條。對於過多的給與之心怎能不忍呢？

第 62 章

乞

■ 原文

簞食豆羹，不得則死，乞人不屑，惡其蹴爾。

晚菘早韭，赤米白鹽，取足而已，安貧養恬。

巧於鑽刺，郭尖李錐，有道之士，恥而不為。

古之君子，有平生不肯道一乞字者；後之君子，詐貧匿富以乞為利者矣。

故《陸魯望之歌》曰：「人間所謂好男子，我見婦人留鬚眉。

奴顏婢膝真乞丐，反以正直為狂痴。」

噫，可不忍歟！

■ 譯文

一碗飯，一壺湯，獲得了就能生存下去，得不到就會餓死。但如果把髒東西用腳踢著送給人，就算他是乞丐也會對此不屑一顧。

秋天成熟的白菜，春天剛生的韭菜，有紅米白鹽，綠葵紫蓼，菜食上有這些就足夠了。安貧樂道，超脫名利，那麼就可以保持內心的恬靜。

善於投機取巧的人，當數北魏的郭尖和李錐。有道德之人對此是不屑的。古時候的君子，平生都不肯向人乞討，甚至連一個「乞」字都不肯說；而後來所謂的君子假稱清貧其實不窮困，是為了向人奴顏婢膝以獲取更大的利益。所以《陸魯望之歌》唱道：「世上那些所謂好男子，在我看來只不過是留著鬍鬚的婦女。他們那奴顏婢膝的樣子和真正的乞丐沒什麼兩樣，可他們反而指責那些正直的人是狂痴。」

唉！面對功名利祿，人們怎能不忍住乞討之心呢？

■ 活學活用：古之君子，安貧樂道

貧窮不可恥，乞求之心才可憐。古來君子從不向人乞討，甚至於唾棄這個「乞」字。可現實生活中很多人，奴顏婢膝，為了眼前的利益，放棄了自己的尊嚴和人格。

這個世界，有生就有死，有富就有窮，有君子自然也就有小人。有人施捨，也就有人乞討。

他在沙漠裡尋找寶藏。很快，所帶的食物和水都枯竭了。

夜晚，他感覺自己快要死了，就做了最後的祈禱：神啊，請給我一些幫助吧。神真的出現了，問他需要什麼。「食物和水，哪怕是很少的一份也行。」神送給他一些麵包和牛奶。

現在，他精神百倍地站在那裡。他不斷地責怪自己：為什麼不向神多要一點東西。他帶上剩下的食物，繼續向沙漠深處走去。這一次他找到了寶藏。就在他準備把寶藏盡可能多一些地帶回去時，卻發現食物所剩無幾。

最後，他還是躺倒在那裡。死亡之前，神又出現了，問他需要什麼。他喃喃地答道：「食物和水……請給我更多的食物和水……」

評語

貪得無厭，無休止地乞求別人施捨，是唯有人類才有的劣根性，它能摧毀人的一切高尚德性。讓人棄誠信如敝屣，視廉潔如草芥，把自尊、廉恥、禮儀拋置九霄雲外去了。人啊，為了存活於世的自尊，為什麼不忍乞討之心呢？

第 63 章

求

■ 原文

人有不足於我乎，求以有濟無，其心休休。馮諼彈鋏，三求三得。

苟非長者，怒盈於色。維昔孟嘗，傾心愛客，比飯弗憎，焚券弗責。

欲效馮諼之過求，世無孟嘗則羞；欲效孟嘗之不吝，世無馮諼則倦。

羞彼倦此，為義不盡。償債安得惠開，給喪誰是元振。

噫，可不忍歟！

■ 譯文

人總有不滿足的時候，為了避免因貪慾而犯錯或招致恥辱，就應該用道義來限制自己的行為。

能取就取，不能取就放棄，拿多餘的東西去救濟別人，這樣就可以心安理得了。當貧困潦倒的馮諼去見孟嘗君時，他三彈佩劍向孟嘗君提出請求，都得到了滿足。旁人都很討厭他，認為他一點也不知足，唯獨孟嘗君毫不介意。後來，馮諼替孟嘗君收債，看到那裡的百姓非常貧苦，就把債券給燒了，回去對孟嘗君說，我看了你什麼都不缺，唯獨缺了仁義，所以就為你買了仁義，孟嘗君連聲道謝。假如現在誰還效仿馮諼那樣一味索求，可能就遇不上孟嘗君那樣的人，到頭來只能是自討沒趣，招來別人的討厭。如果有誰效仿孟嘗君的慷慨大度，也絕對遇不上馮諼那樣的賢士，最後也只能心灰意冷。所以羞於乞求和懶得慷慨都不能真正做到仁至義盡。

幫助別人償還債務，恐怕沒有像蕭惠開這樣慷慨的；送錢給人安葬家人，能有誰像郭元振那樣大方！唉！人們怎能不忍住過分要求之心呢？

■ 活學活用：人心不足，道義限之

當物慾橫流，追求功名、愛慕虛榮，成為時下最耀眼的名詞時，你還在苦苦尋找志同道合者嗎？你還夢想你也可能遇到當代的「孟嘗君」嗎？如果你有一個想法，在決定執意去這樣做之前，請先把自己全副武裝起來，再開始行動吧！因為人心不足，道義限之。

有一則寓言很好地詮釋了這一現象。

一個窮人，對神仙十分虔敬。神仙被他感動，決定幫他一把，於是在他面前顯靈，朝路邊的一塊磚頭一指，磚頭變成了金磚，送給他。可是這個窮人並不滿意，神仙又用手一指，把一尊大石獅變成金獅，一併送給他。可是他還嫌太少。神仙問他：「怎樣你才滿意呢？」

這人支吾了一陣，說：「我想要你的這個手指！」

神仙大怒，憤然離去。

金磚和金獅立刻變成原來普通的磚頭和大石獅子。

貪婪是一種十分奇特的心理，貪婪者只為滿足其聚斂之欲，不惜觸犯法律，傷天害理，無異於投身地獄。

評語

阿拉伯有句諺語說得好：「把貪心除掉，你的腳鐐就能打開。」顯然，染上貪婪行為，便有一副無形鐐銬附到了身上，除非及時醒悟，否則難免終身受其桎梏。唉，怎麼能不忍住無窮無盡要求的心呢！

第 64 章

失

■ 原文

自古達人，何心得失。子文三已，下惠三黜，二子泰然，曾無慍色。

銀杯羽化，米斛雀耗，二子淡然，付之一笑。

蓋有得有失者，物之常理；患得患失者，目之為鄙。

塞翁失馬，禍兮福倚。得喪榮辱，

奚足介意。噫，可不忍歟！

■ 譯文

自古以來，心胸豁達的君子不存在什麼得失的念頭。子文三次被免去令尹的職務，柳下惠三次被國君罷免官職，這兩人都泰然處之，喜怒不形於色。

銀杯飛昇成仙，米被老鼠和鳥雀耗去，這兩人都淡然面對，付之一笑。

因此，有得必有失，有失必有得，這是世間事物變化的規律。患得患失之人，則被人鄙視。塞翁丟失了馬，禍與福同在。得失和榮辱，哪裡用得著放在心上！面對不利時，人們怎能不忍住痛惜之心呢？

■ 活學活用：塞翁失馬，禍兮福倚

人的一生忙忙碌碌都在追尋什麼？大多數人都會告訴你：地位、財富。用喪失生命來換取名利和地位，到底是得到還是喪失呢？

一輩子只顧追逐功名利祿，將會付出巨大的代價，即使有一天，你擁有了大量的財富，一旦發生變故，一切都是白搭。追求名利和地位要適可而止，否則只會招來屈辱，喪失一生中最為寶貴的東西。

古代有個尤翁，他開了個典當鋪。

有一年底，他忽然聽到門外有一片喧鬧聲。他出門一看，原來門外有位窮鄰居。站櫃檯的夥計就對尤翁說：「他將衣服壓了錢，空手來取，不給他，他就破口大罵。有這樣不講理的人嗎？」

尤翁見此情景，從容地對那個窮鄰居說：「我明白你的意圖，不過是為了度年關。這種小事，值得一爭嗎？」於是，他命店員找出那個鄰居的典當之物，共有衣服蚊帳四、五件。

那位窮鄰居拿走兩件衣服，不好意思再鬧，立刻離開了。當天夜裡，這個窮漢竟然死在別人的家裡。

原來，窮漢因為欠債太多，不想活了，想找個人了結自己。誰知尤翁如此善心。事後有人問尤翁，為什麼能夠容忍。尤翁回答說：「凡無理挑釁的人，一定有所倚仗。如果在小事上不忍耐，那麼災禍就會立刻到來了。」人們聽了這話都很佩服尤翁的見識。

人生百年，貪慾再多，權勢再大，財富再多，也是生不帶來死不帶走。處心積慮，挖空心思，巧取豪奪，則完全失去了生活的意義。

評語

過於注重個人的得失，使一個人變得心胸狹隘，斤斤計較，目光短淺。要是能將得失置之腦後，則能輕鬆對待身邊所發生的事，快樂的享受生活的樂趣。面對暫時的不利，人們怎能不忍住痛惜之心呢？

第 65 章

利害

■ 原文

利者人之所同嗜，害者人之所同畏。利為害影，豈不知避！
貪小利而忘大害，猶痼疾之難治。
鴆酒盈器，好酒者飲之而立死，知飲酒之快意，而不知毒人腸胃；
遺金有主，愛金者攫之而被繫，知攫金之苟得，而不知受辱於獄吏。
以羊誘虎，虎貪羊而落井；以餌投魚，魚貪餌而忘命。
虞公耽於垂棘而昧於假道之假，夫差拳於西施而忽於為沼之禍。
匕首伏於督亢，貪於地者始皇；毒刃藏於魚腹，溺於味者吳王。噫，可不忍歟！

■ 譯文

利益是人們都非常喜愛的。禍害是為人們所畏懼的。「利」就如同「害」的影子，形影不離。如果不知迴避，貪小利而忘大害，這種毛病就像痼疾一樣難以治癒。用杯子裝滿毒酒，喜歡飲酒的人喝下去會立時喪命，他們只知道喝酒的痛快而不知道它會毒害腸胃。遺失在路上的金錢自有它的主人，愛錢的人奪取而被抓進監牢，這是因為只知道奪取而不知將受到關進監獄的恥辱。

用羊引誘老虎，老虎貪羊而落入獵人的陷阱；把誘餌扔給魚，魚貪餌而忘了性命之憂。虞公貪愛晉國所獻垂棘之地出產的美玉，而沒能發現晉國借道攻打虢國的陰謀；夫差沉溺於西施的美貌中，怎麼也想不到豢養西施是吳國滅亡的原因。

匕首隱藏荊軻的地圖中，貪圖土地的人是秦始皇；毒刃藏在魚腹裡，沉溺美味的人是吳王。因此，千萬別貪圖小利而忘大害。唉！在利益面前，人們怎能不忍住貪婪之心呢？

■ 活學活用：利益薰心，禍害產生

成名使人有成就感，使人精神振奮；獲得利益能夠使人有滿足感，使其心情愉悅。相應的，在追求名利的同時，人們也懼怕災難，災難能給人以最徹底的摧殘。因此趨吉避凶成了大部分人的共同心理，不管你是君子還是小人，在這方面是絕對相同的，不同的只是追求名利、逃避禍害時所使用的手段或方法不同罷了。

愚蠢或是太急躁的人總是被眼前微小的利益所迷惑而看不到隱藏在後面的禍害。

春秋時期，齊國有公孫無忌、田開疆、古治子三名勇士，皆萬人難敵，立下許多功勞。但傲慢狂妄、目中無人。

晏嬰便與齊景公商議，要設計除掉這三人。一日魯昭公來訪，齊景公設宴招待，晏嬰獻上一盤新摘的鮮美的大桃子。宴畢，還剩下兩顆桃子，齊景公決定將兩顆桃子賞給臣子，誰功勞大就給誰。當然，這就是晏嬰的計謀。三人各擺功勞，互不相讓，其中兩人先動起手來，一人失手殺死另一人後，自覺對不住朋友，自殺而亡，剩下的一位見鬧成這個樣子，三人為了兩顆桃子而死去兩個，不願獨活，也自殺當場。

評語

人不能過於貪圖眼前的利益，更不能被眼前的利益所迷惑。利害是相互轉化的，只顧追求利益，離禍害也就不遠了。

第 66 章

頏嚚

■ 原文

心不則德義之經曰頑，口不道忠信之言曰頑。

頑嚚不友，是為凶人，其名渾敦，晋物醜類，宜投四裔，以御魑魅。

唐虞之時，其民淳，為此為戒；秦漢之下，其俗澆，習此不為怪。

蓋凶人之性難以義制，其吠噬也，似犬而爝其牴觸也，如牛而角。

待之以恕則亂，論之以理則叛，示之以弱則侮，懷之以恩則玩。

當以禽獸而視之，不與之鬥智角力，待其自陷於刑戮，若煙滅而爝息。

我則行老子守柔之道，持顏子不輟之德。噫，可不忍歟！

■ 譯文

心中不遵循德義的行為是頑固的，不講符合忠信的話叫愚蠢。這樣頑固而又愚蠢的人喜歡和壞人結伴，做不義之事，這樣的人是惡人，稱作「凶人」。這樣的惡物醜類之流，應該將他們流放到四方邊遠之地，以此來抵禦妖魔鬼怪。唐虞時期，民風淳樸，《尚書》中記下這些怪類，是提醒人們應以此為戒。秦漢之後民風浮薄，習以為常，因此也就不覺得怪異了。

惡人的習性是很難用仁義禮法去制約束縛的，就好比狂犬咬人，　牛用角胡亂撞人。假如用寬恕的態度去對待他就會導致禍亂。最好是把他們看作禽獸，用不著和他們鬥智鬥力，讓他們自取滅亡，像煙消火滅一樣，應以老子的柔弱無為之道行事，或效仿顏子不計較、不憂慮的德性。唉！面對一時呈勇的凶人，怎能不忍住計較之心呢？

■ 活學活用：晉物醜類，宜投四裔

世間總是那樣公平的，有善就有惡；有善良之人，就必會有凶殘頑嚚之輩。善良之人遵紀守法，頑嚚之人破壞法紀、倫理道德。他們離經叛道，幹盡傷天害理之事，所有的出發點就是為了獲取自己的利益。

通常對這種無賴之徒，頑愚不化之輩，是很難用倫理、道德，去規勸、教導的。對這種類型的人，什麼道義、理法、天理，他都不以為然。

安祿山攻打契丹，被打敗了，張守上書要求按軍法殺掉他。唐玄宗因為愛惜他的才能而赦免了他。後來，安祿山叛亂，導致了災難。

唐代的李希烈，他憑據有一郡，不聽朝廷號令，皇上派顏真卿宣講禍福，而李希烈卻將顏真卿扣留了下來而且反叛了。

孫臏退兵之時，滅灶示弱，而龐涓認為他容易欺侮，步步進逼，反而戰敗於馬陵。

評語

頑嚚之徒往往狂妄自大，總愛找機會顯露自己的醜臉，並進而發狂，自以為老子天下第一，等到災禍降臨才知道自己的淺薄。

第 67 章

不平

■ 原文

不平則鳴，物之常性。達人大觀，與物不競。
彼取以均石，與我以錙銖；彼自待以聖，視我以為愚。
同此一類人，厚彼而薄我。我直而彼曲，屈於乎高下。
人所不能忍，爭鬥起大禍。我心常淡然，不怨亦不怒。
彼強而我弱，強弱必有故；彼盛而我衰，盛衰自有數。
人眾者勝天，天定則勝人。世態有炎燠，我心常自春。
噫，可不忍歟！

■ 譯文

物體處在不平衡的狀態便會發出聲音，這是物理的常性。但通達的人往往目光遠大，與世無爭。

如果他人獲取的東西多，給予我的卻很少；如果他以聖人自居，卻將我看成愚鈍之人，這都是不平等之事。

同樣一類人，他們往往重視自己卻輕視別人。有時即使有道理有立場，只因他看不順眼，你也會被當作是無理取鬧的之徒。這種事會使人生氣，不能接受，但是因為這樣而與人爭吵，完全沒有必要。常常保持淡然恬靜的狀態，那麼對待任何事都能泰然處之了。彼強我弱，其中肯定有原因，彼盛我衰，盛衰也會轉化。

人多力量大，有時是可以戰勝天意的，但天的意志常常勝過人。世間之事就是如此反覆無常，令人難以捉摸。只要我的心始終如春，便會溫和平靜了。唉！面對不平之事，人們怎能不忍住憤恨之心呢？

■ 活學活用：不平則鳴，物之常性

看世界，不平之事多如過江之鯽，倘若不能忍一時之不平，就會引起糾紛，惹禍亡身。既然如此，人們怎能不忍住憤恨之心呢？

漫漫人生路，怎麼可能會一帆風順，怎麼可能不遇上一點挫折，又怎麼可能一輩子都不會被人誤解？天下之大，好事怎麼可能被你全部占去呢？不被理解、不被重用、不被關注的時候，就覺得受了委屈，埋怨命運對你不公。你要豁達大度，不要計較一事一時的不順利，更應該看重社會的發展，任何事情都不是一成不變的。

《左傳》中記載：楚國和秦國侵犯鄭國，五月分到了城康。鄭國出城與楚軍作戰，結果打敗了楚軍。穿封戌與王子圍爭這次戰功，請伯州犁來評判公平。伯州犁說：「讓我問囚徒。」於是讓囚徒出來。伯州犁說：「爭的對象是你，你怎麼會不知道。」舉起他的右手說：「這是王子圍，國君的弟弟。」又舉起他的左手說：「這是穿封戌，都城的官吏。是誰抓到你的？」囚徒說：「我們遇到了王子圍。」穿封戌大怒，又拿起戈追趕王子圍，沒有趕上。

評語

面對災難和不幸，應該放寬心胸，不以委屈為念，就像古人説的：如果你視身強體健為病痛滿身，視平安無事為不測禍福，視平川大路如溝壑縱橫，那你還有什麼不平不能忍呢？

第 68 章

不滿

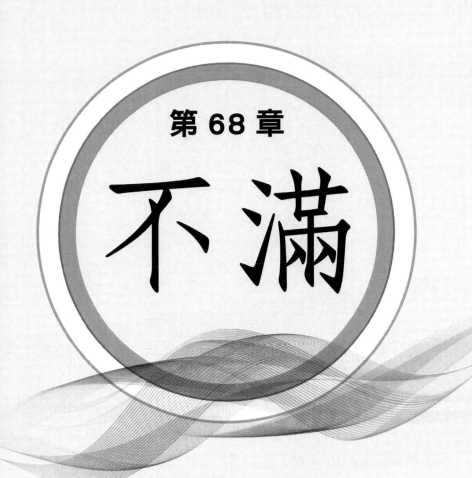

■ 原文

望倉庾而得升斗，願卿相而得郎官，其志不滿，形於辭氣。

故亞夫之怏怏，子幼之嗚嗚，或以下獄，或以族誅。

淵明之賦歸，揚雄之解嘲，排難釋忿，其樂陶陶。

多得少得，自有定分。一階一級，造物所靳。

宜達而窮者，陰陽為之消長，當與而

奪者，鬼神為之典掌。付得失於自然，庶神怡而心曠。

噫，可不忍歟！

■ 譯文

希望擁有整倉的糧食，卻只得到了升斗那麼少；渴望當卿相之類的大官，卻只得到一個小小郎官的職位。願望沒有得到滿足，不滿之形已透過言語和神色表露了出來。所以周亞夫悶悶不樂，落得個關進監獄吐血而死的下場；楊惲嗚嗚歌呼不平後來遭斬。

陶淵明作《歸去來辭》，楊雄作《解嘲文》，目的在於排遣憂患，消除非份的想法，這種方式其樂陶陶。

人生中的得失或多或少，都是上天安排好的，官位的升降也是由造物主所主宰。本該富貴的反而貧困，應該給予的卻被奪去，這都是陰陽互為消長之道和鬼神主宰的緣故。如能將得失付之自然，就能心境開闊神情愉悅。唉！榮辱得失都是上天安排好的，自有天命，人們怎能不忍住滿足之心呢？

■ 活學活用：其志不滿，形於辭氣

人的不滿是由於有貪慾而造成的。人嚮往的東西太多，而能夠得到的又太少，這樣，不滿的言論也就在其語氣和神色上表現出來。有的人自己的願望沒有得到滿足，就會把怨恨發洩到他人身上，或者認為上級不公，猜想同事在背後搞鬼，比自己善於奉迎領導，於是忍耐不住，心有所想，言必有所表示，行動也會有所體現，這樣一來，自然難以團結，人際關係也會越來越糟。

公司要裁員，名單公布，有行政部門辦公室的小燦和小燕。規定一個月之後離職。

小燦不服，去找主任訴冤，找同事哭訴。不久，小燦找了一些人到老總那裡說情，可是誰也通融不了。小燦再次受到打擊，感覺似乎有人在背後搞鬼，她要把那人揪出來。但許多人開始怕她，都躲著她。

小燕很討人喜歡。裁員名單公布後，小燕哭了一晚上，第二天上班也無精打采，仍然打開電腦，拉開鍵盤，她就和以往一樣地工作了。

過了一個月，小燦如期離職，而小燕卻被從裁員名單中刪除，留了下來。

一個人總把眼光盯在自己身上，對一時的利益損失無法忍受，往往會大發牢騷。人只有忘記自我、忘記得失、忘記金錢、視名利地位如糞土，就不會有那麼多不滿意的地方了。

評語

牢記晉人所說：如果不考慮任何東西，就會非常快樂。人的不滿和憤怒，常常是因為把自己看得太重，把眼前的利益看得太重，一切以自我為中心的緣故。

第 69 章

聽讒

■ 原文

自古害人莫甚於讒，謂伯夷溷，謂盜跖廉。
賈誼吊湘，哀彼屈原，《離騷》、《九歌》，千古悲酸。
亦有周《雅．十月之交》：「無罪無辜，讒口囂囂。」
大夫傷於讒而賦《巧言》，寺人傷於讒而歌《巷伯》。
父聽之則孝子為逆，君聽之則忠臣為賊，兄弟聽之則鬩牆，夫妻聽之則反目，主人聽之則平原之門無留客。
噫，可不忍歟！

■ 譯文

自古以來，害人的手段，沒有比小人那無中生有的讒言更厲害的了。例如（讒言）說伯夷是個渾濁之徒，說盜跖是一個正直廉潔的人。賈誼遭受讒言陷害被流放到長沙，經過湘水時追悼屈原，以屈原自況。《離騷》、《九歌》等千百年來引人心酸悲傷。

在《詩經．小雅．十月之交》中說：「沒有罪過而遭受誹謗誣陷，這是那些鄙陋小人造成的過錯，並不是上天的意志。」

大夫被讒言傷害而作《巧言》，詩人也因讒言所害而寫了詩作《蒼伯》。如果父親聽信讒言，就會錯將孝子當逆子；如果君主聽信讒言，就會誤把忠臣當作奸臣；如果兄弟聽信讒言就會引起內訌爭吵；如果夫妻間聽信讒言就會怒目相視；如果主人聽信讒言，門客們就會離開他。唉！面對猶如尖刀毒酒的讒言，人們怎能不明察秋毫，分清其真偽？

■ 活學活用：自古害人，莫甚於讒

讒言之所以能夠流行，是因為有這樣兩個條件：一個是聽，一個是說。不能忍聽讒言的人，往往會輕信讒言，這是因為心虛的緣故。不能忍說讒言的人，往往有兩個層次，一種人是專門製造讒言去攻擊他人，以達到不可告人的目的。這種人很陰險，好藏在暗處攻擊別人。

另一種人喜歡傳播讒言，出於好奇或是想告訴別人他知道的東西比旁人多。因此，一定要藉機大肆渲染一番，無論如何，讒言不忍後果是會相當嚴重的，因此我們一定要忍住不去聽信讒言。

有一對夫婦，在住處的附近開了一家食品店，家裡有一個漂亮的女兒。

無意間，夫婦倆發現女兒的肚子無緣無故地大起來。這種見不得人的事，使得她的父母震怒異常！在父母的一再逼問下，她終於吞吞吐吐地說出「白隱」兩字。

她的父母怒不可遏地去找白隱理論，但這位大師不置可否，只若無其事地答道：「就是這樣嗎？」孩子生下來後，就被送給白隱。此時，面對眾人的冷嘲熱諷，他總是處之泰然，彷彿是受託撫養別人的孩子一般。

事隔一年後，這位沒有結婚的媽媽，終於不忍心再欺瞞下去了。她老老實實地向父母吐露真情：孩子的生父是在魚市工作的一名青年。

評語

讒言不會自來，都是因猜忌而來；離間不能自入，都是乘隙而入的。所以說信而不疑，不聽讒言。對讒言加以抵制，不輕信、不傳播，這是忍住讒言最好的方法。

第 70 章

無益

■ 原文

不作無益害有益，不貴異物賤用物。此召公告君之言，萬世而不可忽。

酣遊廢業，奇巧廢功，蒲博廢財，禽荒廢農。凡此無益，實貽困窮。

隋珠和璧，蒟醬笻竹，寒不可衣，饑不可食。凡此異物，不如五穀。

空走桓玄之畫舸，徒儲王涯之複壁。噫，可不忍歟！

■ 譯文

不要做沒有益的事情去損害有益的事情，不可看重奇異的物品而輕視日常所用的東西。這是召公勸告武王的話，千百年後仍然具有深刻的意義。

過分沉溺在遊樂中，就會荒廢事業；喜歡奇巧，就會做稀奇古怪卻沒有絲毫價值的事；喜歡賭博就會浪廢錢財；愛好打獵，就會荒廢農時。這些都是沒有益處的事情，實在是導致窮困的根源。

隋珠、和氏璧之類的珍寶，醬、笻竹之類的特產，寒冷時不能當作衣服來禦寒，饑餓時不能當食物來充饑。這類奇異的物品，遠遠不如日常食用的五穀。

桓玄戰敗時，逕自坐著裝有書畫的小船逃離；王涯密藏於複壁的名書畫，待他被誅殺後，盡棄於道路。此兩人的收藏對於家庭和個人一點益處都沒有，是一種徒勞的行為。唉！面對無益之事時，人們怎能不忍住欲為之心呢？

■ 活學活用：分清主次，無益不為

一個人不要去做無益的事來妨害有益的事，這是千古明訓。要想取得成功，必須專注於自己的領域，用心去開拓事業，才會有所成。

沉醉於下棋、賭博，快意於賭馬，甚至有人拿了衣服作賭注，這些人往往不會有好的下場。放縱自己的行為，到頭來害人害己。

埃及最後一任國王法魯克，他擁有的財產無法計算，可他就喜歡在王族寵戚、達官顯貴口袋裡扒竊，以滿足他的偷竊癖。每當王宮舉辦宴會時，他便穿梭於各國貴賓與他們的夫人女伴之間，看中目標，便下手行竊。

有一次，他相中邱吉爾首相的一塊懷錶，結果，這塊懷錶在神不知鬼不覺之中落進法魯克的口袋。後來邱吉爾對法魯克這種奪人所愛的做法很惱火，讓英國政府向埃及提出強烈的抗議和威脅，法魯克才無可奈何地將這塊懷錶交還給它的主人。

評語

一個人的追求如果過於偏激，失去的往往比得到的要多得多。輕視日常生活用品，鄙視平淡的生活，追求奇異的東西和奢侈的生活，生活絕不會真正的快樂。

第71章

苛察

■ 原文

水至清則無魚，人至察則無徒。瑾瑜匿瑕，川澤納汙。
其政察察，其民缺缺，老子此言，可以為效法。
苛政不親，煩苦傷恩，雖出鄙語，薛宣上乘。
稱柴而爨，數米而炊，擘肌折骨，如此用之，親戚叛之。
古之 子，於有過中求無過，所以天下無怨惡；
今之君子，於無過中求有過，使民手足無所措。噫，可不忍歟！

■ 譯文

水如果太清澈就不會有魚，人如果太認真就不會有朋友。美玉裡面或許會包含著瑕疵，江河中也會容納有汙濁。

如果政府太苛刻，人民就會狡黠。老子的這句名言，可以作為治理國家的法則。苛刻的政治，使統治和被統治者之間不和睦，太嚴厲瑣碎，就會失去百姓的擁護。薛宣雖然以粗俗的語言規勸帝王，卻有大臣的祥德之氣。

稱了薪柴燒火，數著米粒煮飯，用這種斤斤計較的態度去接人待物，勢必會眾叛親離。古時候的君子，力求在別人的過錯中尋找沒有錯的地方，所以，天下的人們沒有怨恨。而現在的所謂君子恰恰相反，他們喜歡在沒有錯誤的人身上找缺點，吹毛求疵，弄得天下人手足無措。唉！金無足赤，人無完人。怎能不忍住吹毛求疵之心呢？

■ 活學活用：水清無魚，人精無徒

為人處世應該以道德的準繩來衡量自己，約束自己的言行，對待別人就要像船工那樣接引乘客登舟。只有嚴己寬人，才能成大事。如果一旦發現別人有稍許過錯，就抓住不放，看不到別人的長處和優勢，到頭來，只能將自己置於孤立的境地。

人非聖賢，孰能無過？與人相處，不要總是去責備、去苛求別人。在要求別人怎麼做的時候，應該首先問一下自己能否做到。時時檢查、約束自己的行為。只有嚴於律己，寬以待人，才能團結能夠團結的人，共同做好工作。一味地苛求、指責別人，只會把事情做糟。

有一位夫人去赴一個宴會，主人邀請了一位青年女音樂家來奏琴，以娛來賓。演奏之後，主人問某夫人那樂曲奏得好不好？某夫人答道：「曲是奏得好的，可是，親愛的，你沒看見她穿的衣服是多麼不體面呀！」

評語

一個人對於什麼事情，只去注重其每個環節是否一致，這樣可能會顧此失彼，因小失大。因此，我們怎能不忍住苛求別人做事呢？

第 72 章

屠殺

■ 原文

物之具形色，能飲食者，均有識知，其生也樂，其死也悲。

鳥俯而啄，仰而四顧，一彈飛來，應手而僕。

牛舐其犢，愛深母子，牽就庖廚，觳觫畏死。

蓬萊謝恩之雀，白玉四環漢川。報德之蛇，明珠一寸。

勿謂羽鱗之微，生不知恩，死不知怨。

仁人君子，折旋蟻封，彼雖五微，惜命一同。

傷猿，細故也，而部伍被黜於桓溫；放麑，違命也，而西巴見賞於孟孫。

胡為朝割而暮烹，重口腹而輕物命？禮有無故不殺之戒，軻書有聞聲不忍食之警。

噫，可不忍歟！

■ 譯文

只要是有形體顏色的生物，如果能吃能喝，那麼牠們就會有知覺和悟性。牠們活著的時候很快樂，死了也會很悲傷。小鳥低頭啄食，抬頭回顧，一顆子彈飛來，應聲落地。老牛用舌頭舔小牛，母子之情情深意切。如果把牛牽到屠宰場，又有誰忍心看到牠因恐懼死亡而渾身顫抖的樣子呢？

去蓬萊謝恩的黃雀，獲救後用四枚白玉環報答恩人楊寶；

蛇獲救後用直徑一寸大的珍珠報答恩人隋侯。不要以為黃雀、小蛇一類的動物微不足道，活著不知報恩，死了不知怨恨。晉人王湛有著仁愛之心，騎馬時遇到螞蟻堆還要繞著彎子躲開，他明白螞蟻雖微不足道，但也是生命，應該值得好好珍惜。

作害猿猴是普通的過錯，幹這事的人卻受到桓溫的貶斥；放掉小鹿，違犯了命令，秦巴西卻因此受到孟孫的賞識。

為什麼要早宰割而晚上就烹調，如此重視口腹的需要而輕視動物的生命呢？《杞記》中有不能無緣無故殺生的戒律，《孟子》中有聽到動物的哀叫而不忍心吃動物的警語。唉！面對生物脆弱的生命時，人們怎能不忍住殺取屠宰之心呢？

■ 活學活用：宅心仁厚，廣施愛心

生存於天地之間，有血有肉的東西都有知覺。微小的動物，牠也是有悟性的，活著就會快活無比，死了就會很悲傷。有仁義之心的人連一隻螞蟻都不會傷害，真正的君子會博愛於天下。

傳說中，後漢楊寶，弘農人，七歲的時候，走到華陽這個地方，看見一隻黃雀，因鴟鴞鳥追擊而掉在地上，並被許多螞蟻圍住，楊寶看見了很可憐牠，就將牠拾起放在箱內，並採黃花給牠吃，一百多天以後，黃雀傷好了，羽毛也長豐滿了，便飛走了。早晨飛走，晚上又飛回來。

有一天夜裡牠變成一個黃衣童子，向楊寶反覆行禮表示感謝說：「我是西王母的使者，去蓬萊，被鴟鴞鳥攻擊，感謝您救了我。今天我受派遣去南海，現在特向您告別。」隨後，拿出四枚白環做為回報，說：「好好拿著這四個環，您的子孫可以官至三公。」就此離去，從此再無音信。楊寶生楊震，楊震生楊秉，楊秉生楊賜，楊賜生楊彪，這樣，四代人官至三公。

評語

成功的道路拒絕仇恨，需要你寬容面對一切，只有這樣才能減小前進的阻礙，帶來成功的機遇，否則你將在仇恨的袋子裡不見天日。有愛才有一切，我們怎能不忍屠宰之心呢？

第73章

禍福

■ 原文

禍兮福倚，福兮禍伏，鵶鳴鵲噪，易警愚俗。

白犢之怪，兆為盲目，征戍不及，月受官粟。

熒惑守心，亦孔之醜，宋公三言，反以為壽。

城雀生烏，桑谷生朝，謂祥匪祥，謂妖匪妖。

故君子聞喜不喜，見怪不怪，不崇淫祀不虛費，不信巫覡之狂勸。

信巫覡者愚，崇淫祀者敗。噫，可不忍歟！

■ 譯文

禍害中隱藏著幸福的因素，幸福中又埋藏著禍害的種子，禍福是可以相互轉化的。烏鴉、喜鵲的鳴叫所預示的兆頭，容易驚動愚俗之輩。

黑牛生下白色的小牛，是瞎眼的凶兆，儘管父子倆先後瞎眼，但也因此使他們免於從軍打仗，還受到官府的供養。

熒惑纏住了心星，是天降大禍於宋國的徵兆。面對災難，景公並沒有將他們移禍於丞相、百姓、年成，而甘願自己承受。景公的這一席話讓蒼天為之動容，反而延長了他二十年的壽命。

雀在城生出一隻烏鴉，生長在山野的桑和楮卻在宮廷里長了出來，說牠是吉兆卻並不吉兆，說牠是凶兆卻並不凶險。所以君子見到喜事時不過分高興，見到怪事不表示驚訝，不會花費錢財在不該祭祀的時候，不會相信，男女巫神的一派胡言。信服神巫的人是愚蠢的，崇奉淫祀的人一定會失敗。唉！面對幸福或災禍時，人們怎能不學會沉住氣或穩定心呢？

■ 活學活用：禍兮福倚，福兮禍伏

禍福之間，很難預料，大抵是福禍參半。不同的人看待禍福有不同的標準：在你的承受能力上你認為是禍事，在別人眼裡看來也許是小事一樁，根本無足輕重；有時在你眼裡看來是福從天降或是意外之喜在他人的眼中，不過是少見多怪而已。

人都喜歡幸福而恐懼災禍。一個有修養的人遇到災禍不懼怕，鎮定自若，遇到好事也不會欣喜若狂。善於克制自己的感情，才能更好地處理自己所遇到的禍事與幸運。

宋國有一家人喜歡行仁義，三代都不鬆懈。有一天，他們家的黑牛生下一頭白牛兒，別人去問孔子，孔子說：「這是吉祥的徵兆。」過了一年，父親的眼睛無緣無故地瞎了。而牛又生了一頭白牛，再過一年，兒子又瞎了眼睛。後來楚國攻打宋國，年輕力壯的人死了一大半，父子倆因為有病而免於徵召。等到楚國不再攻打宋時，他們的病就好了。

面對災禍，如何去消除它？只有行仁義之事，加倍努力地工作。面對幸福，如何使之長久，也只有行仁義之事，加倍努力地工作。

評語

人們遇到災禍而能夠吸取教訓，改正錯誤，就足以讓災禍成為過去而讓幸福降臨；如果人們在幸福之中驕奢淫逸，幸福就會離去而災禍就會臨頭。

第 74 章

苟祿

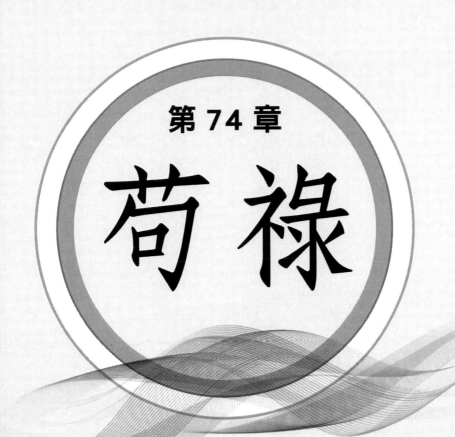

■ 原文

竊位苟祿，君子所恥，相持而動，可仕則仕，墨子不會朝歌之邑，志士不飲盜泉之水。

折圭儋爵，將榮其身，鳥猶擇木，而況於人。

逢萌掛冠於東都，陶亮解印於彭澤，權皋詐死於祿山之薦，費怡漆身於公孫之迫，攜持琬琰，易一羊皮，枉尺直尋，顏厚忸怩。噫，可不忍歟！

■ 譯文

竊取不應該擔任的高位，無所事事卻貪圖俸祿，君子以此為恥。根據自己的能力去行事，考慮好周圍的環境而行動，可以做官了才去做官。墨子聽到城邑的名字叫「朝歌」，馬上掉頭就走；孔子聽到泉的名字叫盜泉，即使口渴也堅決不喝。

手裡捧著人家分送的美玉，享受著人家賜予的爵位，這自然很榮耀，但是鳥還擇木而棲，何況人呢？

西漢蓬萌看不慣王莽的暴行，而辭官脫掉衣帽掛在城門，一去不歸。晉人陶淵明不願為五斗米的俸祿而向無德無識的人奴顏婢膝，於是辭官歸隱。唐人權皋不願做叛臣安祿山的幕僚，以詐死的方式逃跑了。西漢人費怡裝瘋賣傻，不肯作官。以上四位君子為保持自己的清白而棄祿辭官。

手裡拿著美玉，卻貪圖別人手裡的羊皮，這是拋棄做人的原則和節操，去追求細小的利益，不值得啊！有的人為了榮華富貴，不顧廉恥，其實他們的內心也會有羞愧之心的。唉！人格遠比名利重要，人們怎能為了高位或俸祿而放棄自身的高尚品格呢？

■ 活學活用：竊位苟祿，君子所恥

從古至今，很多人為謀求私利而竊居高位，棄自身的責任於不顧，這樣的人是被社會鄙棄的。

君子不恥於過分地追求功名利祿，而是以身告誡世人，再高貴的地位，再多的金錢也只是過眼煙雲，要把功名利祿看得淡一些。

唐人權皋，安祿山請他作幕僚。權皋知道安祿山將造反，又因為這個人好猜忌，不能勸說，就想離開，又擔心父母被連累。

天寶十四年，派他到京城獻俘瞄。他乘機拜訪福昌尉仲謨，並私下約定用有病的藉口找他。仲謨到後，權皋突然說不出話來，眼睛直視仲謨而「死」。仲謨為他料理了喪事，權皋偷偷地逃逸而去。

官吏拿著詔書告訴他母親，母親以為他真的死了，便大哭起來，過路人都為她感動了。所以安祿山沒有想到什麼問題，就把他的母親送回去了。權皋在家裡等著，日夜往南逃。渡江之後，安祿山造反，天下的權要人物都聽說這個人，爭著要讓他做自己的部下，後來顏真卿推薦他為行軍司馬，皇帝委任他起居舍人，他都推辭不做。

評語

逍遙任我在，不為虛名行，人格遠比名利、身外之物重要，怎能為了高位或俸祿而放棄自身的高尚品格呢？

第 75 章

躁進

■ 原文

仕進之路，如階有級，攀援躐等，何必躁急。
遠大之器，退然養恬，詔或辭，再命猶待三。
趨熱者，以不能忍寒；媚灶者，以不能忍
饞；逾牆者，以不能忍淫；穿窬者，以不能忍貪。
爵乃天爵，祿乃天祿，可久則久，可速則速。
輦載金帛，奔走形勢。食玉炊桂，因鬼見帝。
虛夢南柯，於事何濟！噫，可不忍歟！

■ 譯文

仕途之路是有一定順序的，就好比上台階，必須一步一步地往上爬。如果互相攀援，跨越等級，那就太過急躁了。

有遠大志向並器量高雅的人，並不會急於求成，反而退隱山林，以培舉自己恬淡無爭的境界。李密以老祖母需養老送終為由，幾次推辭了晉武帝的詔命。人們趨向溫暖，是因為不能忍受寒冷；供奉灶神，貪戀美食，是因為不能忍受口饞；跳牆去幽會的人，是因為不能忍受男女間的情慾；翻牆盜竊之人，是因為不能忍受貪財的物慾。

爵位和俸祿是上天賜予的。官如果能夠繼續做下去就去做，能離開就馬上離開。當初蘇秦用車裝載金銀珠寶，為權力與地位而到處奔波。他去見楚王，等了三天才見到，還向楚王抱怨，食貴於王，薪貴於桂。謁者像鬼一樣難以見到，你像天神一樣難以見到。蘇秦一心想著榮華富貴，吃盡苦頭，到頭來卻是南柯一夢，什麼也沒得到。唉！欲速則不達，人們怎麼不忍住躁進之心呢？

■ 活學活用：仕進之路，何必躁急

很多人希望盡快致富，就像做官之人有盡快平步青雲的願望一樣。這種願望是良好的，但是我們應該認識到發展是有一定規律的，不可能一口吃出一個胖子，得經過時間的磨練。

有人曾說，世界上只有兩種人，用一個簡單的實驗就可以把他們區分開來。假設給他們同樣的一碗小麥，一種人會首先留下一部分用於播種，然後再考慮其他問題；而另一種人則不管三七二十一把小麥全部磨成麵粉，做成饅頭吃掉。

我們每個人都想做一個成功的人，優秀的人，只不過在饅頭的引誘下，失去了忍耐的性子。成功是要講究儲備的，倉庫裡的東西越充足，成功的機會就越大，也才可能走得更遠。

在一次講座上，一位同學向講演的著名律師請教問題，問他怎麼樣才能成為一個優秀的律師。

律師說：「先別著急討論這個問題，我給你講一個故事：

我上大學時有兩個很好的朋友，一個畢業以後就去了律師事務所工作，而另外一個則選擇繼續學習深造。他們畢業的時候，才二十三歲。轉眼十年過去了，那個工作的同學已經成了鼎鼎有名的大律師，而繼續深造的另一個同學也結束了學習生涯，跨入了律師的行業。到他們都是三十五歲的時候，這位三十三歲才成為律師的同學已經和做了十二年律師的另一位同學做得一樣好，一樣有名。可是到了四十三歲，也就是他們畢業後的二十年，後者由於十年深造累積的知識不斷地派上用場，生意越來越大；而前者卻受自己的知識所限，駐足不前，跟不上時代的潮流而日漸沉寂下來。現在不用我說，你們大家都知道如何做一個優秀的律師了吧？」

人生的成功之路更像一場馬拉松賽跑而不是短跑衝刺，前面領先者不一定就能成為最後的優秀者，甚至都不可能跑完全程。在這遙遠的路途上，基礎的累積將會造成決定性的作用。

評語

急功近利只能使頭腦發熱，辦事毛躁，就容易出錯。人應該順應事物的發展規律，知道萬丈高樓從地起的道理，要逐漸累積才能飛黃騰達。

第 76 章

特立

■ 原文

特立獨立，士之大節，雖無文王，猶興豪傑。

不撓不屈，不仰不俯，壁立萬仞，中流砥柱。

炙手權門，吾恐炭於朝而冰於昏；借援公侯，吾恐喜則親而怒則仇。

傅燮不從趙延殷勤之喻，韓稜不隨竇憲萬歲之呼。

袁淑不附於劉湛，僧虔不屈於細夫。王昕不就移床之役，李繪不供麋角之需。

窮通有時，得失有命。依人則邪，守道則正。

修己而天不與者命，守道而人不知者性。

寧為松柏，勿為女蘿，女蘿失所託而萎苶，松柏傲霜雪而嵯峨。

噫，可不忍歟！

■ 譯文

注重自身修養，追求人格的獨立，做到與眾不同，是士人應有的節操。真正的豪傑，並不需要周文王那樣的時代，他們任何時候都能奮發向上。

士人的獨立特行，表現為不屈不撓、不卑不亢的處世原則。他們就像萬丈絕壁那樣高大雄偉，猶如中流砥柱那樣屹立不動。

依靠權勢顯赫的人，他們早晨還像炭火一樣熱，到晚上也許就像冰一樣冷了；巴結奉承權貴的人，讓權貴歡心則親如朋友，權貴不高興時則視為仇敵。這兩類人是沒有骨氣的。傅燮曾立下戰功，可是他斷然拒絕趙延要他向權貴獻殷勤求封侯的主意。東漢韓稜曾任尚書令，當時竇憲攻打匈奴立下赫赫功勞，封為大將軍，權勢傾予朝野，有人欲呼竇憲為萬歲，韓稜嚴肅地制止了。南朝宋袁淑拒絕依附劉湛；南朝宋王僧虔拒絕向中書舍人阮細夫獻殷勤，因而被免官。北魏王昕不願做上級的僕役；北齊李澮拒絕了權貴崔謀提出索要麋角的要求。以上諸子捍衛了自己的人格，絕不卑躬屈漆。

困窘或顯達，是由運氣和時機造成的，獲得或失去，也自有天命。依附別人則會失去自我，容易走上邪道，恪守道德規範才能保持獨立的人格。自己努力而天不賜與這是命運，堅守道德法則卻無人理解，這是為完成人的本性。

寧做筆直聳立的松柏，也不能像女蘿那樣靠攀援上升！唉！面對權貴時，人們怎能不忍住攀附之心，保持自身獨自高潔的人格呢？

■ 活學活用：特立獨行，士之大節

一個正直的人好比是一棵松柏，筆直聳立，不偏不倚。邪佞的人好比藤蘿，不依靠別的東西很難立起來。做人應該像巨石一樣挺立，像千仞高的石壁堅不可破。

北魏人王昕，字元景，北海王猛的後代。年輕時好學，能背誦不少書。

武帝時，太尉汝南王元悦召他為騎兵參軍。元悦喜歡遊玩，外出打獵，晚上不回來，因此王昕不管他獨自回來了。

元悦和他的臣僚一起喝酒，起身移動坐位，大家都爭著動手幫忙，只有王昕退後站在一邊，元悦不高興的説：「我是皇帝的孫子，皇帝的兒子，皇帝的弟弟，皇帝的叔叔，現在親自起身搬床，你為什麼一動不動？」王昕回答說：「我地位名望都很低下，不敢讓您看到我的儀容，怎麼好和這些人一起從事這麼失禮的行為。」元悦馬上向他表示歉意。

評語

趨炎附勢之人沒有好下場，最後只會自取滅亡。人應該像冬日裡的松柏，大寒到來，霜雪中盡顯英雄本色。

第 77 章

勇退

■ 原文

功成而身退，為天之道；知進而不知退，為乾之亢。
驗寒暑之候於火中，悟羝羊之悔於大壯。
天人一機，進退一理，當退不退，災害並至。
祖帳東都，二疏可喜，兔死狗烹，何嗟及矣。
噫，可不忍歟！

■ 譯文

功成名就之後應激流勇退，這才能符合自然規律。只知前進而不知退守，就會出現《易經・乾卦》中所說的盛極而衰。自然界的變化是寒盡暑來，暑盡寒來，交替不止。人也是如此，如果你達到鼎盛時期，就預示著馬上要走向衰退。如果意識不到這一點，就會像羊角插入籬笆一樣進退兩難。

自然界的變化和人事的變化都是一個道理，進退盛衰的規律同樣如此。在應該抽身引退的時然不引退，災難和禍害就會同時來到。西漢人疏廣、疏愛在功成名就之時毅然向皇帝提交辭呈，請求回家安享晚年。大臣們為他送行成為一時之美談。西漢的韓信輔助漢高祖平定天下，視為三傑。但卻不知引退，結果落得兔死狗烹的下場，令人嘆息。唉！當功成名就時，人們怎能不忍住留戀之心呢？

■ 活學活用：功成身退，為天之道

對於功名利祿，不同的人有不同的態度。有的人很明智，知道權勢不一定能夠給人帶來幸福，所以不去爭權奪勢，而是忍耐住對權利的渴望，在事業成功時，全身而退。

西元一九九〇年，安德斯·通斯特羅姆被瑞典乒乓球隊聘為主教練。由於通斯特羅姆平時對運動員指導有方，又加上其策略戰術比較高明，所以瑞典乒乓球隊連年凱歌高奏。在西元一九九一年的世乒賽上，他率領的瑞典男隊贏得了所有項目的冠軍。在西元一九九二年夏季奧運會上，他們又奪得男子單打金牌，這塊金牌也是瑞典在這屆奧運會上獲得的唯一一枚金牌。

然而，正當瑞典國民向通斯特羅姆投以更熱切期望的時候，他卻突然宣布將於西元一九九三年五月世乒賽結束後辭職。

通斯特羅姆辭職的唯一理由是：「現在我也感到已很難激發我自己和運動員去爭取新的引人注目的勝利。瑞典乒乓球隊需要更新，需要一個新人來領導。」

評語

事物的變化和變遷，都是一個道理，進退盛衰的規律也是一樣，在該抽身的時候不引退，災難與禍害也就會同時降臨。

第 78 章

挫折

■ 原文

不受觸者，怒不顧人；不受抑者，忿不顧身。
一毫之挫，若撻於市；發上衝冠，豈非壯士。
不以害人則必自害，不如忍耐徐觀勝敗。
名譽自屈辱中彰，德量自隱忍中大。
黥布負氣，擬為漢將，待以踞洗則幾欲自殺，優以供帳則大喜過望。
功名未見其終，當日已窺其量。噫，可不忍歟！

■ 譯文

不能忍受別人冒犯的人，發起怒來也不會顧及別人；不能忍受別人壓抑的人，怨憤時也不會考慮自身。受到一點委屈就好像在大庭廣眾之下被人打了一鞭，一定要加以報復。怒髮衝冠，算不上真正的壯士。

受到挫折或屈辱時就勃然大怒，這樣不僅害了別人，而且傷害了自己。不如忍耐性情從旁慢慢觀察勝敗。名譽在屈辱中得到了顯彰，德量可以從隱忍中培養增大。黥布恃仗意氣，以為會拜為漢將，當漢王坐在床上洗腳時召見他，氣得要自殺，召見後受到的恩惠又超過了自己的想像，又喜出望外。雖然人們最後沒能看到他功名如何，但這一怒一喜之間所表現出的氣量，已經很清楚地告訴人們，他是個不能忍受挫折的人。唉！面對冒犯或者遭遇挫折的時候，人們怎麼能沒有忍耐之心呢？

■ 活學活用：不如忍耐，靜觀勝敗

人的一生，不可能什麼事情都一帆風順，總會遇到各種意想不到的災難、挫折。意外總會發生，困境也會時而遇到，能不能忍受一時的不順利，這就要看一個人的雄心壯志了。志在成大業者，不會以一時一事的順利和阻礙為念，也不會為一時的成敗所困擾。面對不利和困境，必然會加倍努力，奮發圖強，去實現自己的理想，成就功業，這才是積極的人生態度，是成功的基礎。

劉三樓下的空地上前不久新開了一家小吃攤，攤販是一位四十歲的中年男人，妻子前年遭遇了車禍，至今仍然躺在床上，兒子讀高中畢業班，正是需要花錢的時候，不巧的是今年他也失業了，貧困的生活猶如雪上加霜，沒辦法，只好出來張羅小吃攤。

一天，劉三在中年男人的家看到了半埋於枕頭上的一張笑臉——這是他的妻子，躺在床上側過臉對著他微笑著，正如他本人的微笑——平和而又溫暖。從這張微笑著的臉上，根本找不到一絲半點重殘在身、臥床已久、生活貧困的人所表露出的煩躁、孤僻、茫然、嫉恨、厭世等神情。這張臉雖然蒼白、清瘦，但洋溢出來的微笑，卻如花般明媚、燦爛，使得簡陋的房間溫馨如春。丈夫坐在她身邊，問她的身體情況；她用手摸摸他的臉，詢問他累不累，那輕柔的聲音和悅耳的笑聲，像空氣一樣在房間裡流淌。更讓劉三感動的是，他們剛放學回來的兒子，臉上的微笑一如他的父母，平和、溫馨之中，透出一種希望……

評語

挫折是黎明前的黑暗，抱怨、憤怒都沒用，只有把能力完全表現出來，才能爭取到成功的機會。在奮鬥過程中，壓力與挫折並存，天使的前身是魔鬼，只有奮起與命運決鬥，方可真正把握住明天。

第 79 章

不遇

■ 原文

子虛一賦，相如遽顯；闕書一下，頓榮主偃。

王生布衣，教龔遂而曳祖漢庭；馬周白身，代常何而垂身唐殿。

人生未遇，如求谷於石田；及其當遇，如取果於家園。

豈非得失有命，富貴在天？

卞和三獻，不售；顏駟三朝，不遇。

何賈誼之抑鬱，竟知終於《鵩賦》。噫，可不忍歟！

■ 譯文

西漢司馬相如寫有一篇《子虛賦》，深受漢武帝賞識，因而名聲顯赫；主父偃曾懷才不遇，後上書漢武帝，漢武帝立即召見，大有相見恨晚的感慨，繼而委任他為郎中，頓時變得榮耀加身。布衣王生，因教龔遂應答天子的問題得當而獲得官位；唐人馬周代常何作奏章而榮任唐朝的中書令。

人如果沒有好的機遇，就好像石頭上求穀米那樣難；機遇來臨時，就好比在自家果園摘果實那樣容易。難道不是得失由命運安排、富貴在於天意嗎？

楚人卞和多次獻玉，都沒有得到賞識；顏駟歷經三朝，都沒有獲得升遷。賈誼何必苦悶，竟然作《鵩賦》，自認為壽命不長了。唉，成功與失敗只是機遇之差，當你懷才不遇時，也要耐心等待機會呀！

■ 活學活用：得失有命，富貴在天

懷才不遇是時常發生的事情，比方說專業和需求不對口，自己的才華沒有被人發現等。其實，在平淡之中發掘和抓住機會，自會有成功的一天，所以也就不必太過計較。

真正有大志之人，即使是平生不得志，也能剛正不阿、廉潔自守，不會依附權貴，更不會與奸人同流合汙。不畏嘲諷，也不要懼怕失敗，矢志不渝地向著既定目標前進，就能忍受一切不平之待遇。

舉世聞名的國際巨星席維斯．史特龍，在尚未成名之前，心中有一個理想，要成為作家和電影明星。於是他挨家挨戶地拜訪了好萊塢的所有電影製片公司，尋求演出的機會。

好萊塢大約有五百家電影公司，史特龍逐一拜訪過後，沒有任何一家電影公司願意錄用他。如此反覆地拜訪一連三次，第三次帶著劇本去拜訪。答案還是一樣，好萊塢的電影公司全都拒絕他。

史特龍總共經歷了一千八百五十五次嚴酷的拒絕、和冷嘲熱諷，總算有一家電影公司願意採用他的劇本，並聘請他擔任自己劇本中的男「主角」。這部電影的名稱，就叫《洛基》。從此之後，史特龍每一部電影，都十分賣座，《洛基》奠定了他國際巨星的地位。

由一個窮困小子，到每部影片片酬超過兩千萬美元的超級巨星，史特龍著實為全球的影迷上了一堂最精彩的成功課程。

評語

在沒有良好的時機去建功立業時，要能夠保持自己的品行，不要輕易放棄自己的追求。要沉住氣，耐住性子，一定要忍住急躁之心。記住：「今天我懷才不遇，明日必成大器！」

第 80 章

才技

■ 原文

露才揚己，器卑識乏。盆括有才，終以見殺。
學有餘者，雖盈若虧；內不足者，急於人知。
不扣不鳴者，黃鐘大呂；囂囂聒耳者，陶盆瓦釜。
韞藏待價者，千金不售；叫炫市巷者，一錢可貿。
大辯若訥，大巧若拙。遼豕貽羞，黔驢易蹶。噫，可不忍歟！

■ 譯文

過分顯露自己的才華來宣揚自己，這種人往往氣量狹小、見識淺薄、難成大器。盆括就是因為有小聰明而無大智慧，卻又恃才而為招來殺身之禍的。

真正知識淵博、學富五車的人，雖滿腹經綸，也要謙虛地裝出學問不足的樣子。而一些學問膚淺的人，卻喜歡自吹自擂，唯恐別人不知。

真正有學識有修養的人就像黃鐘大呂一樣，不撞擊是不會發出聲音的。沒有學問和學問不多的人嘰嘰喳喳地表現自己，就像瓦盆鐵鍋發出的嘈雜之音。真正有價值的美玉是深藏不露的，就是別人出千兩黃金也不會輕易出售；而那些沿街叫賣的物品，用很少錢就能買到。君子和美玉一樣，他們並非不願做官，只是不願自貶身價，以不正當手段去謀取高官厚祿。最聰明能幹的人，往往表現得很笨拙；最善於辯說的人往往好像笨嘴拙舌。遼東的白豬並不是奇異的東西，少見多怪，為後人留下笑柄；貴州驢子的技藝，僅僅會一踢而已，終不能救己之命。唉！即便有一點小才華，人們又怎能不忍住炫耀之心呢？

■ 活學活用：露才揚己，器卑識乏

真正的智者，往往不會自以為是，他們為人處世，以謙虛好學為榮，以不如人或無知而慚愧，以學習為終生樂趣，以向別人求教為喜，不斷豐富和完善自我是他們的目的，不恥下問、深藏不露是他們為人處世的指針。

同樣，輕浮之徒眾多，爭強好勝之人四處有之，自以為老子天下第一者有之，與古時智者相比，什麼是智，什麼是愚，涇渭分明。

巴黎有一個水平不高的小提琴演奏家準備開獨奏會，為了出名，他想了一個主意，請著名作曲家、小提琴家、指揮家、鋼琴家——被人們譽為「音樂大師」的喬治·艾涅斯庫為他伴奏。

大師經不住他的哀求，終於答應了他的要求。並且還請了一位著名鋼琴家臨時幫忙在台上翻譜。小提琴演奏會如期在音樂廳舉行。

可是，第二天巴黎有家報紙用了道地的法蘭西式的俏皮口氣寫道：「昨天晚上進行了一場十分有趣的音樂會，那個應該拉小提琴的人不知道為什麼在彈鋼琴；那個應該彈鋼琴的人卻在翻譜；那個頂多只能翻譜的人，卻在拉小提琴！」

評語

過分誇耀和顯示自己的才智是不智之舉，而平庸之人自以為是的行為更是讓人跌破眼鏡。牢記：忍耐住自我顯示的心情，一則能使自己謙虛向學，二則能保護自身不受損害，有利於自己聰明才智的發揮。

第 81 章

小節

■ 原文

顧大體者，不區區於小節；顧大事者，不屑屑於細故。視大圭者，不察察於微玷；得大木者，不快快於末蠹。以玷棄圭，則天下無全玉，以蠹廢材，是天下無全木。苟變干城之將，豈以二卵而見麾，陳平而奇之智，不以盜嫂而見疑。

智伯發憤於庖亡一炙，其身之亡而弗思；邯鄲子瞋目於園失一桃，其國之失而不知。

爭刀錐之末而致訟者，市人之小器；委四萬斤金而不問者，萬乘之大志。故相馬失之瘦，必不得千里之驥；取士失之貧，則不得百里奚之智。噫，可不忍歟！

■ 譯文

顧全大局的人，不會計較區區小節；做大事的人，就不會追究一些細碎的小事；欣賞美玉的人，不會在意美玉上一點點的瑕疵；得到巨木的人，絕不會因尾梢有一點被蟲蛀而快快不樂。如果因為一點瑕疵而扔掉整塊美玉，則天底下就沒有美玉了；如果因為有一點被蛀壞而扔掉整根木頭，那麼天底下就沒完好的木材了。苟變是捍衛國家的良將，不要因為吃了別人兩個雞蛋而廢止不用；陳平有出奇制勝的智謀，不應因為懷疑與嫂子有染而不重用。

智伯因為廚子拿走一碗肉而發怒，卻不能預見自己的滅亡；邯鄲子因為園中丟失了一個桃子而橫眉立目，自己的國家滅亡了卻一無所知。

為了像刀錐之端那麼細小的事就爭論不止，這是普通市民的小氣量；劉邦曾經給陳平四萬斤黃金，卻不過問使用的情況，這是君主的胸懷，是成大事應有的氣度。所以，如果伯樂相馬以肥瘦作標準，就不會得到千里馬；如果秦穆公選才愛富嫌貧，就不可能得到百里奚那樣的良相了。唉！面對小小瑕疵或毛病時，人們怎能不忍住挑剔嫌棄之心呢？

■ 活學活用：顧全大局，不拘小節

小不忍則亂大謀，要成就大業，需綜觀全局，萬萬不可糾纏在小事之中，擺脫不出來。事物的存在往往是正反兩方面的，我們需要看清主流，而不要輕易做出結論。相同的道理，在處理事情的時候，過分強調細技末節，以偏概全，就會抓不住要害；沒有重點，就會找不到頭緒，也就無從下手。因此，不管是用人還是處事，都應該注重主流，不要因為一點小事而妨礙了事業的發展。

金無足赤，人無完人，我們要用的是一個人的才能，而不是他的缺點。忍小節，就是要求我們不要去糾纏小節、小問題，要寬恕別人。

有一位老禪師，一天晚上在禪院裡散步，發現牆角有一張椅子。

禪師心想：這一定是有人不顧寺規，越牆出去遊玩了。

沒多久，果然有一位小和尚翻牆而入，在黑暗中踩著老禪師的脊背跳進了院子。

當他雙腳落地的時候，才發覺剛才踏的不是椅子，而是自己的老師，小和尚頓時驚慌失措。

出乎意料的是，老和尚並沒有厲聲責備他，只是以平靜的語調說：「夜深太涼，快去多穿件衣服。」

小和尚感激涕零，回去後告訴其他的師兄弟。

此後，再也沒有人夜裡越牆出去閒逛了。

用一顆諒解和關懷之心去對待無心之過，遠比施以暴行來的有效。

評語

所謂大人物，就是不拘泥於細節，從而成就大業的人。因此，面對小小瑕疵或毛病，怎能不忍住挑剔和嫌棄之心呢？

第 82 章

隨時

■ 原文

為可為於可為之時，則從；為不可為於不可為之時，則凶。

故言行之危遜，視世道之汙隆。

老聃過西戎而夷語，夏禹人裸國而解裳。

墨子謂樂器為無益而不好，往見荊王而衣錦吹笙。

苟執方而不變，是不達於時宜。

貿章甫於椎髻之蠻，炫絇履於跣足之夷，衫絺冰雪，挾纊炎曦，人以至愚而誚之。

噫，可不忍歟！

■ 譯文

在能夠做的情況下去做能做的事情，就會獲得成功；在不能做的情況下去做不能做的事情，就會失敗，甚至有危險。所以個人的言行是高潔還是謙卑，就要看世道是否清明。

老聃到西戎國就學那裡的語言，夏禹到裸國就毫猶豫地脫掉衣褲。墨子不喜好音樂，認為樂器沒什麼好處，但到了荊楚之地也是穿錦衣，吹起了笙。

固執己見、不善變通，這是一些不知時宜的人。到閩越之地去賣棉帽，到光腳行走的地區去賣鞋子，在天寒地凍時穿汗衫，在烈日炎炎的時候穿棉衣，就會被人認為是愚蠢的人。唉！人們怎能不忍住固執之心呢？

■ 活學活用：言行危遜，世道清明

順時應勢與一成不變、墨守成規相對立，它的含意是根據變化、發展的情況，靈活機動地處理問題。

識時務者為俊傑，能夠把握時勢，也就把握了自己的人生、把握了成功的方向盤。順應時勢，因勢利導。古語云：「伸縮進退變化，聖人之道也。」綜觀古今歷史，大凡一個在事業上有所成就的人，必定是一個善於駕馭時勢的人。

武則天是一個極會駕馭時勢的人。當初她被選為太宗的嬪妃，就曾因為說過馴服烈馬：一用鐵椎，二用刀的話使太宗對她另眼相看。太宗病危時，她的年紀還很小，太宗有請她同去的意思。武則天除了及時地與準皇帝——後來的高宗、當時的太子建立私情外，自己選擇了當時時興的一種衍罪修身的方式——出家當尼姑。一則以表示對皇帝的忠貞，二則以保全自己的性命。對她的這種選擇，旁人無可非議。這些做法，無不體現了她那駕馭環境與輿論的能力，《大雲經》稱其為真命天子。

評語

大乎天地、小乎微生物，宇宙萬物無一刻不在變化。時代在變，思想觀念在變，生活方式在變，生存環境、生活觀念也在變。人們漸漸地適應了觀念衝擊所帶來的變化，社會進一步加強了對新觀念的剖析和接受，置身於各種令人眼花繚亂的變化中，如果不加強自己「變」的觀念適應「變」的形勢，又怎麼能立足於這個社會呢？

第 83 章

背義

■ 原文

古之義士，雖死不避。欒布哭彭，郭亮喪孝。

王修葬譚，操嘉其義。晦送楊憑，擢為御史。此其用心，純乎天理。

後之薄俗奔走利慾，利在友則賣友，利在國則賣國，回視古人，有何面目？

趙岐之遇孫嵩，張儉之逢李篤，非親非舊，情同骨肉，堅守大義，甘嬰重戮。

噫，可不忍歟！

■ 譯文

古代的義士即便面對死亡，也毫無躲避之心。欒布祭祠彭越，郭亮哭悼李固都是如此。王修請求埋葬袁譚，曹操讚美他的忠義。徐晦送別楊憑，被升為御史，這是因為他們的俠義用心合乎天理。

後代的人都為利慾而奔走，把禮儀之俗看得很淡薄，朋友有利可圖時就出賣朋友，國家有利可圖時就出賣國家。如果和古人相比，又有什麼顏面存活於世上呢？趙岐遇到孫嵩，張儉碰到李篤，他們非親非故，卻情同手足，堅守大義，甘願承受被殺的危險。唉！怎能容忍自己心中背信棄義的念頭呢！

■ 活學活用：古之義士，雖死不避

古時候的英雄義士，即使是面對死亡，也毫不畏懼，為了那份知遇之恩，不惜拋頭顱灑熱血。

所謂當今好男兒，人們為一己之利慾相互打擊，為了一丁點利益，不惜出賣朋友，出賣國家。像他們這樣忘恩負義、見利忘義的可恥行為與古代義士怎能相提並論呢？

東漢人張儉，字元節，山陽高平人。桓帝時作東部督郵。當時中常侍侯覽的家在防東。他的家人在當地殘害百姓，做的都是違法的事。張儉彈劾侯覽，於是毀掉了他的住房，並且沒收了他家的財產。從此結下仇怨。此後侯覽誣陷張儉是黨人，後來赦免了張儉。到漢靈帝時，又開始打擊黨人，侯覽更是要把張儉置於死地。張儉只好逃亡，輾轉躲藏逃到了東萊，住在李篤家裡。李篤憑熟人送張儉到了塞外。張儉到過的人家，被殺掉的有十多家。後來黨禁解除，張儉才又回到故鄉。

評語

懂得大義而不愛惜自己的生命，與那轉眼之間就把朋友視為陌生人的人又怎麼能同日而語呢？

第 84 章

事君

■ 原文

子路問事君於孔子，孔子教以勿欺而犯。唐有魏徵，漢有汲黯。

長君之惡其罪小，逢君之惡其罪大。

張禹有靦於帝師之稱，李勣何顏於廢后之對？

俯拾怒擲之奏札，力救就戮之緋褌，忠不避死，主耳忘身。

一心可以事百君，百心不可以事一君。若景公之有晏子，乃是為社稷之臣。

噫，可不忍歟！

■ 譯文

子貢向孔子詢問如何服侍君主，孔子說：「不要欺騙君主，還要敢於直言進諫。」唐代有魏徵，漢代有汲黯，都是敢於直言進諫之人。輔助君王的大臣，皇帝有過失時不能諫止並順從他，這種不忠之罪尚小；如果皇帝的過失還沒有釀成，卻慫恿並引導其釀成，這種不忠就是罪大惡極。西漢的張禹和唐代李勣就屬於這一類人。張禹有愧於皇帝老師的稱號，李勣有何臉面去見被廢的太后？

趙普拾起引起皇帝怒氣的奏摺，越綽則力救因穿紅褲而將被殺的辛亶。盡忠不怕死，為主忘自身。一心一意就可以服侍幾代君主，三心二意卻難以侍奉一位君主。如果像齊景公有晏子那樣，就可能說是社稷之臣了。唉！侍奉君主最主要的是忠誠，哪裡能容忍服侍君主有二心呢！

■ 活學活用：侍奉君主，忠誠為本

歷史上君臣之間發生矛盾，相互猜疑引發的悲劇數不勝數。只要一方產生了懷疑，就會影響到君臣關係，即便是臣子之間，也會因相互猜忌而失和，小則丟失國家的棟梁之才，大則會釀成亡國大禍。

忠心是一個人成事的重要因素之一。

西漢人汲黯，字長孺，濮陽人。漢武帝時，做主爵都尉。為人性情直率，不顧面子，當面勸諫，不容別人有過錯。當時漢武帝要招攬文學之士，曾經說：我要怎樣怎樣。汲黯回答說：「您內心裡慾望很多，對外卻要施行仁義，怎麼能仿效唐虞之治呢？」武帝十分生氣，於是停止了朝會。對周圍的人說：「汲黯的憨厚也太過分了！」有人去批評汲黯，汲黯回答說：「天子設置輔佐他的臣子，讓天下聽諂諛奉承的意見，這不是把主上陷在不仁不義之地嗎？」過了幾天，皇上又說：「古代有一心為國家的臣子，汲黯就是這樣的臣子了。

評語

受人之託，忠人之事。做事要忠心，要做到為所託之事不顧惜自己，不顧家庭；既不能為了利益而盲目趨就，也不能因為有禍害就隨便離去。

第 85 章

事師

■ 原文

父生師教，然後成人。事師之道，同乎事親。

德公進粥林宗，三呵而不敢怒；定夫立侍伊川，雪深而不敢去。

膏粱子弟，閭閻小兒，或恃父兄世祿之貴，或恃家有百金之資，厲聲作色，輒謾其師。弟子之傲如此，其家之敗可期。故張觷以走教蔡京之子，此乃忠愛而報之。

噫，不可忍歟！

■ 譯文

父母的養育，老師的教導，然後才能成為有用之人，侍奉老師就如同侍奉自己的父母一樣，必須恭敬孝從。

魏照給林宗熬粥，三次受喝斥而不敢生氣；游酢立身等待程頤，即使雪很深了，也不敢離開。

官宦人家的子弟，富貴人家的後代，有的倚仗父輩或兄輩而享受俸祿和權勢，有的自恃家財殷富，對老師嚴聲厲色，惡語相加，動不動就辱罵詆毀老師，一點禮貌都沒有。做弟子的品質如此惡劣，那麼他們家族的衰敗是不可避免的。因此，張觷用學跑來作比喻，教蔡京的孩子學習本領才能應變事故。唉！老師猶如再生父母，怎能不忍住對老師的不恭敬之心呢？

■ 活學活用：事師之道，同乎事親

一個人只有經過父母、老師的教導，然後才能成為有用之人。如果從小就憑藉家庭地位，對老師惡語相加，那麼注定不會有好下場。只有侍奉老師如同侍奉自己父母一樣的人才會有所成就。

程顥字伯淳，人稱明道先生。程頤，字正叔，人稱伊川先生。他們都是著名的學者，同學於周敦頤，為理學的奠基人，世稱「二程」。

宋神宗年間，他們在河南講授孔孟儒學，黃河、洛河一帶的年輕學子都欣然相聚在他們門下求學。楊時，字中立，是南劍保樂人氏，也是著名的學者，世稱他為龜山先生，官至龍圖閣直學士，曾就學於程門，與游酢呂大臨、謝良性並稱「程門四大弟於」。正當二程講學之際，楊時被調任到其他地方去，他為了能向二程學習沒有去赴任。在穎昌和程顥相見，以老師的禮節相待，彼此很談得來，頗有些相見恨晚的感覺。等到楊時要回南方去的時候，程顥不捨學生的離去，目送他的背影消失在遠方，欣慰地嘆道：「我的主張、學說就會傳遍江南了。」

又過了幾年再次見到程頤的時候，楊時已經四十歲了。一天他去拜見程頤，程頤正坐在那裡打盹，楊時和游酢兩個人恭敬地站在一邊等候，不忍打擾老師休息。等到程頤發覺他們兩人時，門外的雪已經下了有一尺深了。

評語

作為年輕人，應該忍住自己的輕狂，要珍惜時間，努力進取，尊師敬長，只有這樣，才能有所成就。

第 86 章

同寅

■ 原文

同官為僚，《春秋》所敬；同寅協恭，《虞書》所命。
生各天涯，仕為同列，如兄如弟，議論參決。
國爾忘家，公爾忘私，心無貪競，兩無猜疑。
言有可否，事有是非，少不如意，矛盾相持。
幕中之辨人，以為叛；台中之評人，以為順，昌黎此箴，足以勸戒。
噫，可不忍歟！

■ 譯文

在一起為官的人叫同僚，這是《春秋》上定義的；同僚之間應相互合作，相互尊敬，做到親密無間，這是《虞書》所要求的。雖出生的地方相距很遠，但在一起為官，就應該像兄弟一樣，有事相互商量決定。

為國而忘家，為公而忘私，心裡沒有貪念和好鬥之心，就不會相互利用和陷害。所提的建議有行和不行，所做的事有對和錯。如果同事之間互相體諒，就不會產生矛盾進而針鋒相對了。

在官府中當眾說人好壞，人們會認為你居心叵測；在閒談時評說別人，別人會覺得你有敬慕之心。韓愈的這番箴言，足以引起那些不顧場合說話隨便之人的警戒了。唉！對待同僚，人們怎能沒有包容忍耐之心呢？

■ 活學活用：同僚合作，相互尊重

人類是一個群體，存在於地球，人只有在社會中才能實現本身的價值。每一件事，要想把它辦好，需要依靠眾人的齊心協力。同僚之間關係的好壞直接決定了事件的成敗。

人不能孤獨地生活，因為一個人太寂寞，力量太單薄，無法成就事業，會覺得沒有安全感和缺少溫馨感覺。

管仲和鮑叔牙年輕的時候就非常投緣。兩人曾合夥做買賣，管仲家裡窮，拿不出多少本錢來，鮑叔牙也不在乎；如果買賣賺了錢，管仲要多分一些，鮑叔牙也心甘情願。因為他知道管仲不是貪財，而是窮得急等錢用。管仲曾感慨地說：「生我者父母，知我者鮑叔牙！」

後來，管仲因為錯保公子糾而得罪於齊桓公，鮑叔牙在齊桓公面前力保管仲，並推薦管仲當了齊國宰相。到了管仲病重，臨死時，齊桓公到病榻前詢問誰可繼任為宰相，管仲並沒有推薦鮑叔牙，而是說：鮑叔牙為人賢良，但過於疾惡如仇，不是當宰相的材料。後來一些小人把這話傳給鮑叔牙，本來是要挑撥管仲與鮑叔牙之間的關係，沒想到鮑叔牙卻說：管仲說得對，如果讓我當宰相，我首先把你們這些小人殺乾淨。

評語

世態炎涼，人心叵測，同事之間明爭暗鬥，完美而輕鬆的合作似乎是不復存在。相互猜測和勾心鬥角又成了新的潮流。常言道：孤掌難鳴。一個人的成功，離不開你身邊的每個人。唉！對待同事，怎能沒有包容忍耐之心呢？

第 87 章

為士

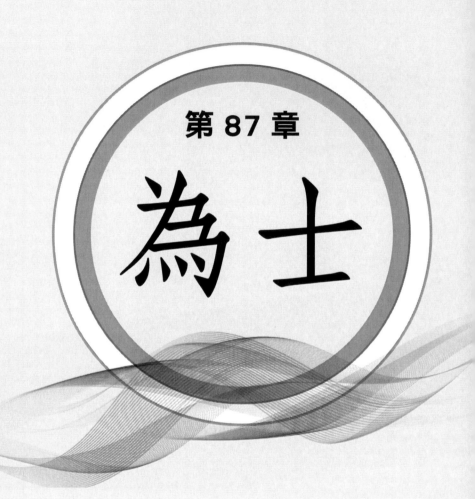

■ 原文

峨冠博帶而為士，當自拔於凡庸；喜怒笑嚬之易動，人已窺其淺中。

故臨大節而亦不可奪者，必無偏躁之氣；見小利而易售者，生之斗筲之器。

禮義以養其量，學問以充其智。不戚戚於貧賤，不汲汲於富貴。

庶可以立天下之大功，成天下之大事。噫，可不忍歟！

■ 譯文

古代士大夫戴高帽，佩寬頻，自然顯示出超越一般人的儀表。輕易地喜笑怒悲，別人就會容易了解他的內心。因此，在生死關頭保持自身節操和志向，自然就沒有浮躁之氣。如果見到小利益就出賣自己的人格，自然是氣量狹小，目光短淺之人，注定不會成功。

用禮義來培養自己寬容的氣質，以學問來提高自己的聰明智慧。不要因為貧賤而傷心，也不要因為富貴而沾沾自喜。這樣才可以成就大的功業，完成天下大事。唉！人們若想成為士大夫之類的賢人，又怎能不忍住浮躁之心呢？

■ 活學活用：禮義養量，學問充智

禮是衡量天理與人事的準則。義，是內心的法式，做事的準則。所以孔子說：「有德行的人是以義為本性，按禮去行事的。」學問、思辨，就是為了明辨善惡是非，而做明智之事。

《易．乾》中說：「有道德的人總是透過學習來擴充知識，總是透過相互探討來辨別是非善惡。」

《楊雄傳》中記載：楊雄平時做人比較淡泊寡慾，沒有什麼貪婪的慾望，不去拚命追逐功名利祿，對於貧困艱辛也不是時時掛在心上。他起初擔任郎官，後升任為大夫。可見能夠稱為士的人，然後才能成就大的功名、大的事業於天下。

評語

君子在安危存亡的緊要關頭不會動搖、屈服、喪失他的氣節和原本應具有的禮義。才為德所用，而氣節是德的核心，兩者不可偏廢。

第 88 章

為農

■ 原文

終歲勤勤，仰事俯畜，服田力穡，不避寒燠。

水旱者，造化之不良，良農不因是而輟耕；稼穡者，勤勞之所有，厥子乃不知於父母。農之家一，而食粟之家六，苟惰農不昏於作勞，則家不給，而人不足。噫，可不忍歟！

■ 譯文

農民終日辛勤勞作，不畏寒暑，為的是能贍養父母，供養妻兒。他們不分四季，努力耕種，只為了秋天有所收穫。

水澇和乾旱是大自然氣候不正常造成的，勤勞的農民不會因此而停止耕作；農民為了一年的收穫而辛勤勞作，而他們的子孫都不了解父母的艱辛。

種莊稼的只有農民，收穫的糧食卻要供士、農、商、和尚、道士等人食用。假如農民也心生懶惰追求安逸，早晚不想耕田種地，那麼就不會有收穫。由此而既不能供給家中費用，也無法養活別人。唉！民以食為天，作為農民又怎能不忍住懶惰之心呢？

■ 活學活用：一分播種，一份收穫

懶惰的農民追求安逸，不想耕田，錯過了季節，就不會有收穫。這是盤庚勸導農民所說的話。如果好吃懶做不勤勞耕種，到了秋天就不會有收成。相反，一分耕耘，一分收穫。奈哈松，一心想成為一個大富翁。想來想去覺得成為富翁的捷徑便是學會鍊金之術。此後他把全部的時間、金錢和精力，都用在了鍊金術的實驗中了。妻子無奈，跑到父親那裡訴苦。她父親決定幫女婿。

他讓奈哈松前來相見，並對他說：「我已經掌握了鍊金之術，只是現在還缺少一樣鍊金的東西……」

「快告訴我還缺少什麼。」奈哈松急切問道。

「那好吧，我可以讓你知道這個祕密。我需要三公斤香蕉葉下的白色絨毛。這些絨毛必須是你自己種的香蕉樹上的。等到收齊絨毛後，我便告訴你鍊金的方法。」

奈哈松回家後立刻將已荒廢多年的田地種上了香蕉，還開墾了大量的荒地。十年過去了，奈哈松拿著收集的三公斤絨毛，來到岳父家，向其討要鍊金之術。岳父指著院中的一間房子說：「現在，你把那邊的房門打開看看。」

奈哈松打開了那扇門，立即看到滿屋金光，竟全是黃金，她的妻子兒女都站在屋中。原來，在他收集絨毛的時候，他的妻兒把香蕉運到市場上賣了。

評語

只要付出，就會有收穫。不想付出，只想得到的人，到頭來除了唉聲嘆氣，埋怨命運不公之外，也只能是自憐自惜了。作為勞作者，怎能容忍自己的懶惰！

第 89 章

為工

■ 原文

不善於斫，血指汗顏。巧匠傍觀，縮手袖間，
行年七十，老而斫輪，得心應手，雖子不傳。
百工居肆以成其事，猶君子學以致其道。學不精則窘於才，工不精則失於巧。
國有尚方之作禮，有冬官之考階，身寵而家溫，貴技高而心小。噫，可不忍歟！

■ 譯文

不善於使斧頭的，傷了手指並弄得汗流滿面，而真正的巧匠卻袖手旁觀。這樣，豈不是白白浪費了他們高超的手藝。

等到了七十高齡，製車輪還是得心應手，這種技巧無法透過教導而使別人掌握，即使他兒子也無法了解他的技藝。

各行各業的工匠只有住在工場裡才能學成技藝，就像君子只有透過學習才能明白道理一樣。學習不精就缺乏才能，工匠不熟練就會缺乏技巧。

國家有專門管製造供給皇帝所用器物的官署，有由冬官來掌管工程製作的機構。有的工匠身受皇恩而居於高位，家庭溫暖並有豐厚的給養，這是因為他技藝高超，且為人小心謹慎所致。唉！作為一個工匠，要比一般人更加專心致志，

又怎能不忍住自己的三心二意呢？

■ 活學活用：專心致志，巧奪天工

業精於勤而荒於嬉。人只有專注於你自己的工作，才會有所成就，如果三心二意，注定只會一事無成，讀書也是同樣的道理。術業有專攻，專注於自己最擅長的領域，才會得心應手。

專注就是把意識集中在某個特定慾望上的行為，並要一直堅持到已經找出實現這個慾望的方法，而且成功地將之付諸實際行動為止。

印尼華裔企業家黃雙安從小家裡很窮，迫於生計，十六歲那年就到印尼開始了自己的創業之路。他到了印尼後，開始找不到工作，靠賣苦力維持生活。後來自己做小攤販，先後換了十多種行業，但每次都以失敗而告終。在認真總結了自己選擇的十多種行業之後，最後對準了一個目標，就是木材業。他這次確立的創業目標，基於曾在伐木場工作過，對該業務熟悉。另外，他了解到印尼林業資源極為豐富，且尚未大量地開發。

從此黃雙安專注於木材業。他首先從事林木開發，後來又取得了伐木專營權，緊接著他發展木材下游工業，成立加工廠及夾板廠。

評語

為工，尤其需要專一，需要專心致志。古語云：「聞道有先後，術業有專攻。」說的就是這個道理。

第 90 章

為商

■ 原文

商者，販商，又曰商量。商販則懋遷有無，商量則計較短長。

用之緩急，價有低昂，不為折閱不市者。

荀子謂之良賈，不與人爭買賣之價者；《國策》謂之良商，何必鬻良而雜苦，效魯人之晨飲其羊。

古之善為貨殖者，取人之所舍，緩人之所急，雍容待時，營利十倍。

陶朱氏積金，販脂賣脯之鼎食，是皆大耐於計籌，不規小利於旦夕。

噫，可不忍歟！

■ 譯文

商人，就是販商，也叫商量。有商販就會互通有無，有商量就會因價格而發生爭執。物品的需求有緩有急，價格有低有高，沒有討價還價就沒有市場。荀子認為，精明的商人不與顧客爭執買賣的價錢，更善於抓住時機。《戰國策》認為：好的商人不必在好的商品中摻雜次品，像魯國人早晨給羊喝水一樣。

古代善於經商的人，買來大眾不急需的物品，而賣掉人們需要的東西，從容地等待時機，以謀取更大的利潤。陶朱氏積下千兩黃金，販油賣脯的小販能夠成為商富，都是能夠考慮長遠，而不是貪圖小利於一朝一夕。唉！經商要講究等待時機。面對蠅頭小利，人們怎能不忍住追逐之心呢？

■ 活學活用：良賈商販，不爭買賣

商業是流通的一個重要環節，透過商業才能互通有無。而商人就充當了流通中的媒介，他們貿易物品，使人們互通有無，使大家都得到好處，國家也得以安定。

真正成功的生意人，往往不會去跟顧客計較價格，他們會在最合適的時候將貨物賣出。而小商小販才會貪圖眼前的小利，這樣的人到頭來始終成不了大器。

卡爾基九十歲的時候，一位不速之客找到她家，非要每月給她一筆養老金不可。此人叫拉伯萊，是法國小有名氣的法律公證人。老太太喜出望外，但心想：這不是天上掉下來的禮物嗎？世間哪有這種好事！在老太太追問下，拉伯萊終於說出了全部的盤算；養老金不是白給的，老太太去世後她祖先留下的那幢房子要歸拉伯萊所有。老太太莞爾一笑，答應了，並到公證處做了公證。

當時拉伯萊僅四十六歲。看起來胸有成竹、穩操勝券。

貪心的拉伯萊天天盼老太太病死，但她卻一直很健康，而且越活越好。而工於心計的拉伯萊卻抑鬱寡歡，健康每況愈下，終於在七十七歲時罹患心肌梗塞撒手西歸。到拉伯萊死時，三十年間先後給卡爾基老人九十萬法郎養老金，其價值還高出了房產四倍多。

評語

自以為很聰明的商人，卻賠得一場糊塗，這是心術不正和沒有頭腦的生意人。《魯論》中孔子說：「不要貪小利，貪小利就辦不成大事。」

第 91 章

父子

■ 原文

父子之性，出於秉彝。孟子有言，貴善則離，賊恩之大，莫甚相夷。

焚廩掩井，瞽太不慈。大孝如舜，齊　夔夔。

尹信後妻，欲殺伯奇，有口不辯，甘逐放之。

灑米數百斛而空其船，施才數千萬而罄其庫，以郗超、全琮不稟之專，二父胡為不怒？

我見叔世，父子為仇，證罪攘羊，德色借耰。

父而不父，子而不子，有何面目，戴天履地？噫，可不忍歟！

■ 譯文

父慈子孝是一種天性，也符合倫理規範。孟子說過：「責善則離。」父子之間為求好而相互責備，就可能使兒子忘記父母之恩。所以說，世間沒有比父子互相責備更能傷害人的了，而且這種傷害實在有悖於天理。

瞽瞍燒屋填井，陷害於舜，這樣做實在太不仁慈了。舜卻是大孝之人，侍奉父親仍十分恭敬。尹吉甫聽信後妻讒言，要害伯奇，伯奇不為自己辯護，甘願被逐出家門。全琮將父親讓他上集市出售的幾千斛好米，散發給別人；郗超一天之內將倉庫中所有財物全部送給了親友。像他們這樣不稟告父親，獨自作主，他們的父親為什麼不發怒呢？

在世態炎涼的亂世，竟然發生父親偷了羊，兒子去作證；還聽說貧窮家的子弟分家以後，把農具借給父親，還認為有恩於父親。做父親的不盡為父之道，做兒子的不盡為子之道，有何面目立在天地之間呢？

■ 活學活用：父子之性，出於秉彝

父親愛護兒子，兒子孝順父親是一種天性，符合倫理道德的要求，並沒有矯揉造作或虛偽的成分在其中。但是，父子相處，也總有衝突的時候。

無論是平民百姓，亦或是皇家貴族，都會有鬧彆扭的時候？矛盾產生了，雙方都要克制一下，這樣才能有利於家庭矛盾的解決。

曹叡是魏文帝曹丕的大兒子，自幼聰明，西元二十二年，母親死後被郭皇后撫養。魏文帝曹丕因曹叡對他有怨氣，曾打算立另一個寵姬的兒子為太子，但又覺得不合道理，所以遲遲沒有立曹叡做太子。

有一天，曹叡跟父親一起去打獵，看到一對子母鹿。曹丕一箭射去，把母鹿射死了，接著要曹叡射那小鹿。曹叡說：「父王您已經射殺了小鹿的母親，我不忍心再殺牠的孩子。」接著他向著父親，雙眼淚流。

曹丕隨即收起弓箭，罷獵回宮。他仔細思索著兒子的話。他知道兒子一語雙關，不殺小鹿，也是在替自己請求呢！想到此，他打定主意，立曹叡為太子。不久，曹叡繼承皇位。他一上台，就為母親恢復榮譽，追認為文昭皇后。

評語

父子本是同體，相互之間互相諒解、關愛才符合天理人倫。人親不過父子、母子，所以父要嚴，母要慈，子要孝，才能使家庭和睦，家和萬事興。

第 92 章

兄弟

■ 原文

兄友弟恭，人之大倫。雖有小忿，不廢懿親。
舜之待象，心無宿怨；莊段弗協，用心交戰。
許武割產，為弟成名；薛包分財，荒敗自營。
阿奴火攻，伯仁笑受；酗酒殺牛，兄不聽嫂。
世降俗薄，交相為惡，不念同乳，鬩牆難作。
噫，可不忍歟！

■ 譯文

兄長照顧弟弟，弟弟對兄長恭敬，這是人間一個重要的倫理道德。即使有點小矛盾，也應該念及手足之情，互相諒解，互相包容。

舜對待象，心中沒有一點怨恨；莊公和段叔不能和睦相處，便處心積慮地互相爭戰。許武分割家產，是為了使弟弟有好的名聲；薛包分割家產，把荒地和破爛之物留給自己。

周顗承受弟弟的火攻；牛弘的弟弟因醉酒欲殺牛弘，牛弘不聽妻子的嘮叨而予以寬容。 當今世風淺薄，人心敗壞，兄弟之間為了利益爭個你死我活，互相為患，不念及一母所生，兄弟之間爭鬥不止，實在令人痛心。唉！兄弟之情幾生修到，怎能不忍住損害之心呢？

■ 活學活用：兄友弟恭，人之大倫

兄弟之間的關係，兄應該是友，弟應該是恭。尤其是那些胸懷大志，虛懷若谷的人，無論是處於兄長的地位，還是在弟弟的地位，都會以自己的道德風貌令對方傾倒。

中國傳統倫理道德中的兄友弟恭，體現了兄弟間的骨肉之情。同胞間的情義體現為互敬互愛，相互扶持，謙恭謹慎，和睦共處，榮辱與共，尤其是有外侮來臨，則更應齊心協力，團結一致，這樣才能家庭昌盛，事業興旺。

唇齒相依，榮辱與共，在危難降臨之際，挺身而出，保護兄弟脫險，自己甘願忍受苦難，這是深知兄弟情深誼長的做法。

古人認為兄弟之間，猶如人的手足，故稱兄弟為手足之情。手足之情貴在和睦，不應該因為一點小事，或是一點小利益，而傷了兄弟情誼。

周襄王打算讓狄人攻打鄭國。大夫富辰勸阻道：「兄弟之間即使有小的不滿，但仍然有手足之情，現在您如果忍不住這小小的不滿，丟失了與鄭國之間的骨肉之親，那麼將來怎麼辦呢？」原來鄭國的開國之祖鄭桓公，是周厲王的兒子，宣王的弟弟，與周王朝同宗。

兄弟之情幾輩子才能修到，人們怎能不珍惜這情同手足的情誼？怎能不忍住傷害之心呢？

評語

《左傳》中有「兄弟雖有小忿，不廢懿言」的論斷，提倡的是「兄弟同胞一體、弟敬兄愛殷勤；須是同心竭力，毋分爾我才真」的兄弟情。

第 93 章

夫婦

■ 原文

正家之道，始於夫婦。上承祭祀，下養父母。唯夫義而婦順，乃起家而裕厚。

《詩》有仳離之戒，《易》有反目之悔。

鹿車共挽，桓氏不恃富而凌鮑宣；賣薪行歌，朱氏乃恥貧而棄買臣。

茂弘忍於曹夫人之妒，夷甫忍於郭夫人之悍。不謂兩相之賢，有此二妻之嘆。

噫，可不忍歟！

■ 譯文

治家是否有正常的秩序，取決於夫婦的相處之道。對上進行對祖先的祭祀，對下孝敬供養父母。丈夫仁義，按丈夫之道行事；妻子順從，按妻子之道行事，這樣才能家道富裕興旺。《詩經》中有被丈夫拋棄的婦女的哀嘆，《易經》中有夫妻反目成仇的告誡。

西漢桓少君不因自家富裕而輕視丈夫鮑宣；朱買臣之妻卻因為其賣薪而認為難以享受富貴，就離他而去。

晉代王茂弘不堪忍受妻子曹氏的嫉妒，暗中救護自己的婢妾；晉代王夷甫也難以容忍妻子郭氏的仗勢欺人和凶悍無理。我們暫且不說二位丈夫如何賢明，只說這二位夫人有失婦道就已經令人扼腕嘆息了。唉！夫妻之間怎能沒有互相包容之心呢？

■ 活學活用：正家之道，始於夫婦

夫婦雖不像父母子女、兄弟姐妹那樣的骨肉情深，卻是一生不可分離的生活伴侶。夫婦之間，只有苦樂與共，休戚相關，才能成為好的夫婦，也才有真正的幸福。夫婦之間只有相互尊重、信任，才能結成一個美好、和諧的家庭。

夫妻和睦是家庭和睦的核心，夫妻之間的恩愛是身心的契合，是志同道合、患難與共。約翰的太太珍妮去世了。

有一天，約翰從錢包裡取出一張折疊的紙條，那是珍妮寫的一封小小的情書。珍妮的情書道出了幸福婚姻的祕訣。她在信中稱讚她的丈夫懂得「疼愛、照顧與牽掛」。儘管約翰凡事都很隨意，但對太太因疾病而起的情緒從不掉以輕心。有時下班回家，看到珍妮神情沮喪，他會立刻拉上珍妮，去她最喜歡的餐館吃飯。「在我病痛時給我幫助。」

「忍讓我。」

「支持我。」

「總是讚美我。」

紙的背面寫著：「熱情、幽默、善良、體貼。」然後她說與她相依相伴、她深愛的丈夫「在我需要你的時候，你就會出現在我的身邊」。

她最後的話彷彿概括了一切：「你是我知心的朋友。」

評語

夫妻的恩愛是身心的契合，它不只是卿卿我我，也不是條件的相互交換，更不應由於一方的社會地位的變化而發生改變。

第 94 章

賓主

■ 原文

為主為賓，無驕無諂；以禮始終，相孚肝膽。
小夫量淺，挾財傲客，簞食豆羹，即見顏色。
毛遂為下客，坐於十九人之末，而不知為恥；
鵬舉為賤官，館於馬坊，教諸奴子而不以為愧。
廣陽豈識其文章，平原不擬其成事。
孫丞相延賓，而開東閣；鄭司家愛客，而戒留門。
醉燒列艦，而無怒於羊侃；收債焚券，而無恨於田文。
楊政之勸馬武，趙一之哭羊陟。
居今之世，此未有聞。噫，可不忍歟！

■ 譯文

無論是主人，還是賓客，都應不驕不諂，應以禮相交，以誠相待。

普通的人器量狹小，倚仗自己的財富而傲待客人。見別人慢待了自己，便在臉色上表現出來。

毛遂是最無關輕重的門客，排在十九人之後，但他卻不以為恥；溫鵬舉是最沒有地位的食客，被安排在馬坊中教書，但他也並不感到慚愧。廣陽王宇文深哪裡欣賞得了溫鵬舉的文章。平原君也沒想到毛遂會辦成大事。公孫丞相招攬人才，專門開放東西客館；鄭莊為了發現人才，告誡門下有客人來投就要留下。張孺才因醉酒失火燒毀了許多船隻，羊侃卻一點也不生氣；馮諼為孟嘗君討債，卻燒掉了債券，孟嘗君也不併不怪他。楊政責罵馬武，趙一哭鬧羊陟，都沒有受到責怪。現在聽不到這樣的事了。唉！一朝成為賓主，怎能不互相容忍，以遵守賓主之道呢？

■ 活學活用：為主為賓，無驕無諂

主要敬賓，賓要敬主，賓有賓的禮儀，主有主的職責，雙方都要按自己的規範行事。有時候主對賓不周，賓要忍，賓對主不敬，主也要忍，只有這樣才能保持賓主之間的關係。

東漢趙一倚仗自己的才氣看不起別人，為鄉里所排擠。東漢靈帝光和元年，全郡的官僚都去京城匯報郡中的情況，趙一也隨著一起來到京師，他趁機去拜訪河南尹羊陟。到了羊陟的家門時，羊陟還沒有起床。

趙一逕自到羊陟的大廳中，說道：「久聞羊先生的大名，至今才見到，但卻遇到這種情況，我該怎麼辦呢？唉，真是命中注定的啊！」隨即放聲哭了起來。羊陟知道他不是一個平常人，於是起床與趙一談話，感到大為驚奇，對趙一說：「您請回去吧！」第二天，羊陟率領大隊車馬到趙一居住的地方，拜見他，與趙一談話，一直談到日落黃昏，十分高興，臨去之前握著趙一的手說：「好的璞玉尚未剖開來，必然有人捨命來辨白證明。」

羊陟於是與司徒袁逢一起舉薦趙一，一時間，趙一名聞京城。

評語

中華民族是一個熱情好客的民族，賓主關係也是人際關係中的重要組成部分。對客人的態度直接反映一個人的素質和修養。因此，賓主之間需要相互容忍，需要遵守賓主之道。

第 95 章

奴婢

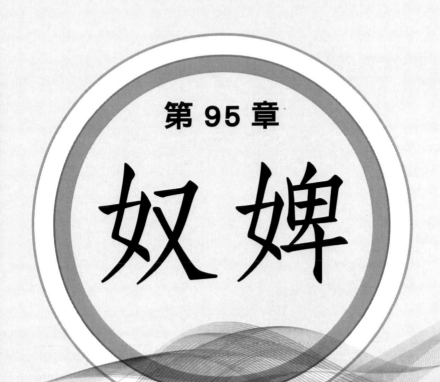

■ 原文

人有十等，以賤事貴，耕樵為奴，織爨為婢。

父母所生，皆有血氣，譴督太苛，小人怨詈。

陶公善遇，以囑其子。陽城不瞋易酒自醉之奴，文烈不譴　米逃奔之婢。

二公之性難齊，元亮之風可繼。噫，可不忍歟！

■ 譯文

古人認為，人分為十等，低賤的人應該侍奉高貴的人。男僕人叫奴，女僕人叫婢。奴婢雖然地位低賤，但同樣是父母所生，都是有血氣之人，如果對他們太苛刻，就會招來怨恨和咒罵。

陶潛囑咐兒子要善待僕人；陽城不責怪以米換酒醉倒自己的奴隸；房文烈不責怪借買米之機外出的婢女。陽城、房文烈兩位的寬厚之性常人是難以企及的，但陶潛的敦厚之風是可以繼承的。唉！奴婢同樣是人，人們怎能不忍住苛苛責罵之心呢？

■ 活學活用：待人處事，不分貴賤

地位尊貴的人有自己的尊嚴，地位低下的人同樣有自己的尊嚴。地位低下者沒有權，沒有勢，沒有錢財，剩下的也就只有尊嚴了。

尊重別人的做法很多：不過分地責備他人，不損害別人的自尊心，是最重要的一點。以平等的態度對待他人，在封建社會中這樣的情況不多，但是也有懂得尊重勞動和勞動者的人，他們就能以平等的態度對待地位低於他們的人。

東晉陶潛在彭澤當縣令時；沒有將家屬都帶到城中，而是將自己一個做苦力的僕人送回家，給兒子們幫忙。同時，他又寫了一封信，說：「你們的日常費用很難自給，所以派一個僕人幫助你們打柴擔水，他也是人家的孩子，你們應當好好待他。」

唐朝陽城，唐德宗時為諫議大夫。一天，他家中沒有了糧食，派僕人去取米，僕人卻將米換成酒喝掉了，醉倒在路上。陽城見他久去不回，便與弟弟一起出去尋找，這時僕人酒醉睡在路上，還沒有醒，於是將他背回來。僕人酒醒以後，責怪自己。

陽城對他說：「天氣太冷，飲一點酒，有什麼可自責呢？」這樣設身處地為一個僕人著想的主人，僕人怎麼能不尊重他呢？

人是有感情的，你對他好，他自然心存感激。你對他尊重，他也會回報你，更敬重你。

評語

帝王有帝王的尊嚴，百姓有百姓的尊嚴，這也是常理。人人都應該自尊，然後尊人。自敬才能讓別人敬你。

第 96 章

交友

■ 原文

古交如真金百煉而後不改其色，今交如暴流盈涸而不保朝夕。

管鮑之知，窮達不移；范張之誼，生死不棄。

淡全甘壞，先哲所戒；勢賄談量，易燠易涼。

蓋君子之交，慎終如始；小人之效，其名為市。

郈子迎谷臣之妻子至於分宅，到漑視西華之兄弟胡心不惻。

指天誓不相負，反眼若不相識。噫，可不忍歟！

■ 譯文

古人的交情就像真金一樣，千錘百煉也不會改變顏色；現代人的交往，就像七、八月的洪水，早晨是滿的，晚上可能就乾涸了。

管仲與鮑叔牙之間相知如一，不管是窮困還是通達，都不改變；范式和張劭間的友誼，不管生死都不離異。

君子之交淡如水而能長久，小人之交雖甜卻很容易毀壞。這是先哲告誡我們的；以權勢相交，以利益而交；互有予求相交；容易熱起來也很容易涼下去。所以，有道德的人交友，應始終如一，市井小人的交友，就像市場做生意一樣。

魯國大夫郈成子接來谷臣的妻兒，把自己的住房分給他們居住；到溉對舊識任昉的兒子們卻沒有一點關懷之情。交友在朋友得勢時，指天發誓絕不相負，一旦失勢，就形同陌生人。唉！君子之交淡如水，人們怎能不忍住結交之心呢？

■ 活學活用：君子之交，慎終如始

君子之交像芬芳的美酒，天氣越冷，酒味越濃；與不好的人結交，如同棉花的花心，早上還在，晚上就會凋零。只有與人結為牢固的交情，方能稱得上賢良的人。

因權勢而結為朋友，他的勢力沒有了，交情也就會隨之而絕；因利益而結為朋友的，朋友隨著利益的完結而煙消雲散。君子是不和這類人交往的。君子交友，不應只看外表和看對自己是否有利為出發點，要出於真心誠意的相交。

一隻老鼠無意間冒犯了睡覺的獅子，被其逮個正著，獅子昏昏欲睡地吼叫著。

老鼠吱吱地叫道，「如果您現在饒了我，也許有朝一日我能為您做點什麼事。」獅子哈哈大笑，但牠把爪子抬了起來，老鼠鑽出去跑開了。獅子笑著又睡著了。

不久，獅子在林中覓食，陷入了羅網。把牠困在網子直到早上。獅子見逃脫無望，怒吼起來，巨大的吼聲響徹森林的每一個角落。

那天夜裡，老鼠恰好也出來覓食。牠當然立刻聽出這是獅子的聲音，就盡快跑到出事地點。一會工夫，獅子的前爪自由了，隨後，頭部和鬃毛也解放了；接著，後腿也掙脫出來了；最後，尾巴也擺脫了羅網。

小老鼠也能幫大忙，所以，不要根據外表來判斷一個人的用處。不要忽視任何一個敵人的威脅，也不要錯過任何一個朋友的支持。

評語

人不可能沒有朋友，如何選擇朋友以及怎樣與人相處，對人們來說是很重要的問題，要忍住不要為了私利而去結交小人。

第 97 章

年少

■ 原文

人之少年，譬如陽春，鶯花明媚，不過九旬，夏熱秋淒，如環斯循。

人壽幾何，自輕身命；貪酒好色，博弈馳騁；狎侮老成，黨邪疾正；棄擲詩書，教之不聽。

玄鬢易白，紅顏早衰，老之將至，時不再來。不學無術，悔何及哉！噫，可不忍歟！

■ 譯文

人在少年的時候，就像春天一樣陽光明媚，但時光易逝，好景不常，鶯花明媚之時，倏忽間就過去了，不過三月，一轉眼便到了炎熱的夏季，隨之是萬物凋零的秋季，繼而又到了冰天雪地冬季，如此循環往復。人的壽命又能有多長呢？怎能不珍惜自己的生命呢？貪戀美酒，迷戀美色，賭博玩樂。與壞人做朋友，與好人結怨，侮辱老年人；不讀聖賢書，聽不進別人的教導。一旦黑髮變白髮，紅顏隨著時間而衰老，美好的時光一去不回頭，而自己又不學無術，此時後悔就來不及了。唉！青春是人生中最美好的時光，怎能不忍住放縱之心呢？

■ 活學活用：不學無術，悔何及哉

青春易老，年華易逝，在短暫的人生中，怎能荒廢美好的時光而無所作為，不學無術呢？社會不斷地向前發展，對學術有了更高更深的要求，尤其是在這個資訊時代，人只有透過不斷地學習，才能跟上時代的步伐，假如你沒有一定的學問、才華，就沒辦法很好地生存在這個世上，即使是活著，也只能是尚存於世罷了。沒有學問，就會使你的品行和德性低而乏味。曹操《短歌行》詩嘆：「人生幾何？」漢武帝《秋風辭》以及杜甫《漢陂行》都說過：「少壯幾時兮奈老何？」陶淵明也有詩句說：「玄鬢早已白。」司馬光勸誡人們說：「我勸你們趁早努力修行有所作為，不要等到將來後悔。」人雖處於少壯時期，但必然有衰老繼之而來。

評語

少壯不努力，老大徒傷悲。學能治愚，面對損害青春的不良嗜好，人們怎能不忍住放縱之心呢？

第 98 章

將帥

■ 原文

閫外之事，將軍主之，專制輕敵，亦不敢違。
衛青不斬裨將而歸之天子，亞夫不出輕戰而深溝高壘。
軍中不以為弱，公論亦稱其美。
延壽陳湯，興師矯制，手斬郅支，威震萬里，功賞未行，下獄幾死。
自古為將，貴於持重；兩軍對陣，戒於輕動。
故司馬懿忍於婦幘之遺，而猶有死諸葛之恐；
孟明視忍於郩陵之敗，而終致穆公之三用。噫，可不忍歟！

■ 譯文

朝門之外的事情，由將軍主持，即便將軍專制輕敵，別人也不能違抗。衛青不斬失職的副官而交由皇帝處置。亞夫不輕易出戰，而以深溝高壘堅守，軍中不認為這是軟弱，而公共輿論也讚揚他們。

西漢的甘延壽和陳湯，假稱奉皇帝之命發兵攻打匈奴，殺了單於，威震西域。但對他們的功賞還沒兑現，陳湯就被下獄，幾乎死於獄中。

自古以來，為將者以持重為貴；雙軍對壘，最忌輕舉妄動。所以，司馬懿忍受諸葛亮說他是婦人的挑釁，更有死諸葛嚇著了活著的司馬懿之說。孟明視能忍辱負重，最終打敗晉國，實現秦穆公吞併西戎的霸業。唉！作為將帥怎能不忍受挑戰和挫折呢？

■ 活學活用：將軍能忍，失敗何懼

真正的將軍在危難之際能保持穩重，在失敗之際能忍受恥辱，這是一個將帥應有的品質。林肯當選總統時，整個參議院的議員都感到尷尬，因為林肯的父親是個鞋匠。

一次，林肯在參議院演說之前，有參議員計畫要羞辱他。

當林肯站在演講台的時候，有一位態度傲慢的參議員站起來說：「林肯先生，在你開始演講之前，我希望你記住，你是一個鞋匠的兒子。」

所有的參議員都大笑起來，為自己雖然不能打敗林肯而能羞辱他開懷不已。林肯等到大家的笑聲歇止，坦然地說：「我非常感激你使我想起我的父親，他已經過世了，我一定會永遠記住你的忠告，我永遠是鞋匠的兒子，我知道我做總統永遠無法像我父親做鞋匠做得那麼好。」參議院陷入一片靜默，林肯轉頭對那個傲慢的參議員說：「就我所知，我父親以前也為你的家人做鞋子，如果你的鞋不合腳，我可以幫你改正它，雖然我不是偉大的鞋匠，但是我從小就跟隨父親學到了做鞋子的技術。」

評語

身為將帥，注定了與風險、災難同行。商業時代的驕子，注定了與陰險和狡猾的人接觸，勾心鬥角，這是時代的特徵，是勝利者必經的途徑。

第 99 章

宰相

■ 原文

昔人有言，能鼻吸三斗醇醋，乃可以為宰相。
蓋任大用者存乎才，為大臣者存乎量。
丙吉不罪於醉汙車茵，安世不詰於郎溺殿上。
周公忍召公之不悦，仁傑受師德之包容。
彥博不以彈燈籠錦而銜唐介，王旦不以罪
倒用印而仇寇公。廊廟倚為鎮重，身命可以令終。
噫，可不忍歟！

■ 譯文

能夠用鼻子吸入三斗醇醋的人能做宰相。擔任重要職務的人靠他們的才能，而能做朝廷大臣的在於他們有博大的胸懷。丙吉不怪罪吐髒車墊的車伕，張安世不責問尿在殿堂上的郎官，都是有器量的表現。

周公能容忍召公的不滿，婁師德不計較狄仁傑的輕視而舉薦他，文彥博不因唐介彈劾他造燈籠錦而記恨。王旦不因為樞密院開除中書省倒用印者而仇恨寇準。這樣的人國家倚為重臣，自己的身名也可以得到完美終結。唉！作為宰相，又怎能夠不培養自己的忍性和器量呢？

■ 活學活用：宰相肚裡，能夠撐船

俗話說得好：宰相肚裡能撐船，將軍額角能跑馬。古人云：「能用鼻子吸入三斗醇醋的人也就能做宰相，大凡成大業者都有博大的胸懷。」

要想成就大業，必須有大量。嚴於律己，寬以待人，是待人接物的重要原則。

呂蒙正在宋太宗、宋真宗時三次任宰相。他不喜歡把人家的過失記在心裡。剛任宰相不久，上朝時，有一個官員在簾子後面指著他對別人說：「這個無名小子也配當宰相嗎？」呂蒙正假裝沒有聽見，就走了過去。他的同僚都為他憤憤不平，要求查問這個人的名字和擔任什麼官職，呂蒙正急忙阻止了他們。退朝以後，同僚們心情還是平靜不下來，後悔當時沒有及時查問清楚。呂蒙正卻對他們說：「如果一旦知道了他的姓名，那麼一輩子就忘不掉。寧可不知道，不去查問他，這對我有什麼損失呢？」當時的人都佩服他氣量恢宏。

評語

做人切忌刻薄，斤斤計較。有仇必報，其結果必將使自己成為失道寡助之人。不計較別人的過失，這才是真正的仁者和智者。

第 100 章

好學

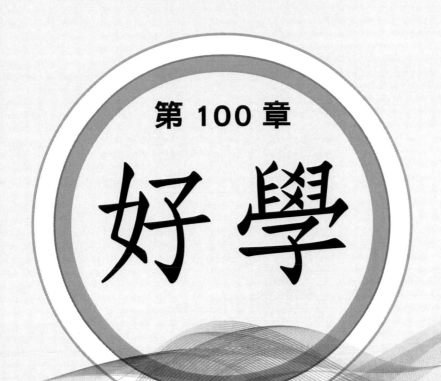

■ 原文

立身百行，以學為基。古之學者，一忍自持。
鑿壁偷光，聚螢作囊，忍貧讀書，車胤匡衡。
助畫傭，牛衣夜織，忍苦向學，倪寬劉寔。
以錐刺股者，蘇秦之忍痛；繫獄受經者，黃霸之忍辱。
寧越忍勞於十五年之晝夜，仲淹忍饑於一盆之粟粥。
及乎學成於身，而達乎天子之庭。鳴玉曳組，為公為卿。
為前聖繼絕學，為斯世開太平。
功名垂於竹帛，姓字著於丹青。噫，可不忍歟！

■ 譯文

立身處世的種種職業，都是以學習為基礎的。古代的學者，都以忍耐來約束自己。匡衡鑿壁借光，車胤聚螢作囊，是忍貧讀書的典範。

倪寬一邊為人煮飯，一邊讀書；劉寔夜織牛衣賣錢讀書。蘇秦以錐子刺自己的大腿，忍痛讀書；黃霸被下獄治罪，還拜師讀經。寧越忍受十五年的晝夜辛勞，范仲淹忍受每天只食一盆粥的饑餓，矢志讀書，終有大成。等到學業有成，就能進到天子的朝堂之上，佩玉鳴響，授帶飄揚，為三公九卿，就可以繼續前代聖人的絕學，為當代開創太平生活。

他們的功名被記載在史書上，姓名也被記載到了功臣榜上。唉！為了立身處世，面對求學過程中所遇到的困難，人們怎麼沒有忍受之心呢？

■ 活學活用：立身百行，以學為基

學能治愚，學能明理，學能充智，學問帶給人們無窮的益處和幫助。古人云：書中自有顏如玉，書中自有黃金屋……告訴人們只有不停的學習，才能有所成就。

學問是立身的基礎，無論從事何種職業，都要以學問為前提。只有不放鬆自己，不斷進取的人，才有資本與人一較高低。

常言道：活到老，學到老，自古至今，不知有多少人在實踐著這句話，雖是古話，卻可以使我們感受到這種精神對心靈的震撼。用一生來學習，不僅是方法，更需要形成習慣，方可持之以恆，而見成效。

南北朝時期，梁朝有個金紫光祿大夫，名字叫做江淹，他年輕時家境貧寒，好學不倦，詩和文章都寫得很好，成為當時負有盛譽的作家，中年為官以後，有一天晚上，他夢見一個自稱郭璞的人，對他說：「我的五彩筆在你處多年，請你還給我吧！」江淹聽了這話以後，到自己懷中去模，摸到了五彩筆便還給了郭璞，從此後，江淹再寫詩、文便再也沒有優美的句子了。因而後世便有了「江郎才盡」的成語。

雖然，這只是傳説，但江淹做官以後，脱離群眾，脱離生活，不認真學習，恐怕是他在文壇上從此湮沒無聞的主要原因。

評語

知識的海洋何其博大精深，夜郎自大、不思進取都是好學的大敵。牢記：書山有路勤為徑，學海無涯苦作舟。

國家圖書館出版品預行編目（CIP）資料

當忍經成為必修課：修養學分加好加滿！ / 歐陽翰 著 . -- 第一版 . -- 臺北市
: 崧燁文化發行 , 2020.1
面； 公分
POD 版
ISBN 978-986-516-316-7(平裝)

1. 忍經 2. 注釋 3. 倫理學

192.91 108022313

書　　名：當忍經成為必修課：修養學分加好加滿！
作　　者：歐陽翰 著
發 行 人：黃振庭
出 版 者：崧燁文化事業有限公司
發 行 者：崧燁文化事業有限公司
E-mail：sonbookservice@gmail.com
粉 絲 頁：　網 址：
地　　址：台北市中正區重慶南路一段六十一號八樓 815 室
8F.-815, No.61, Sec. 1, Chongqing S. Rd., Zhongzheng Dist., Taipei City 100, Taiwan (R.O.C.)
電　　話：(02)2370-3310 傳　真：(02) 2370-3210
總 經 銷：紅螞蟻圖書有限公司
地　　址: 台北市內湖區舊宗路二段 121 巷 19 號
電　　話:02-2795-3656 傳真 :02-2795-4100
印　　刷：京峯彩色印刷有限公司（京峰數位）

定　　價：550 元
發行日期：2020 年 1 月第一版
◎ 本書以 POD 印製發行